DUMONT DIREKT

London

Peter Sahla

Inhalt

Das Beste zu Beginn

Londons wilde Seite
Der Primrose Hill ist ein Grashügel an der Nordseite des Regent's Park (► S. 84). Er bietet einen herrlichen Blick auf London. In der Stille des Abends können Sie die Löwen im nahen Zoo brüllen hören. Schließen Sie die Augen und träumen Sie!

Romantik pur!
Gehen Sie auf die Waterloo Bridge! Keine andere Brücke Londons bietet einen annähernd traumhaften Blick. Maler wie Monet, Turner oder Whistler konnten sich nicht sattsehen am wechselnden Farbenspiel und schafften es, die seltsam flirrende Transparenz der Luft über der Themse für die Nachwelt festzuhalten.

Die Mitte der Stadt
Das ist für die meisten Londoner Leicester Square (sprich: Läster, 🕮 E 3). An lauen Sommerabenden scheint hier halb London unterwegs zu sein. Seit der nahe Trafalgar Square zur Fußgängerzone wurde, entwickelt sich auch dieser Platz zunehmend zu einem zentralen Treffpunkt, nicht nur bei Demonstrationen und Kunst-Happenings, sondern auch für Fremde in einer großen Stadt.

Trutzburg der Kultur
Barbican bezeichnet ein mittelalterliches Verteidigungsbauwerk und genau so wuchtig wirkt die Wohnsiedlung in der City of London. Lassen Sie sich nicht abschrecken! Der Komplex hat seinen eigenen Reiz. Zudem bietet das Barbican Centre (🕮 K 1, www.barbican.org.uk) ein vielseitiges Kulturprogramm auf höchstem Niveau.

Der Ferne Osten in East London
Nur ein paar Schritte von der Aldgate East Station entfernt können Sie in eine andere Welt eintauchen. Der Whitechapel Street Market ist hauptsächlich von pakistanischen und bengalischen Bürgern für pakistanische und bengalische Bürger. Hier befindet sich auch die große East London Mosque.

Mit Freude losschimpfen

Seit Juli 1872 darf sich jede Bürgerin, jeder Bürger ohne Anmeldung an Speakers' Corner (B 3) zu einem beliebigen Thema äußern. Oft erscheinen an der Ecke im Hyde Park Spinner und Wirrköpfe. Manchmal aber auch Menschen mit echten Anliegen, heutzutage z. B. Gegner und Befürworter des Brexit.

Überblick

Am Nordufer der Themse schießen gleich mehrere Bürotürme in den Londoner Himmel – die meisten mit Panoramarestaurant und Aussichtsterrasse. Ich empfehle für einen unvergesslichen Ausblick – egal bei welchem Wetter – den wunderschönen Sky Garden auf dem Walkie-Talkie (► S. 46, 20 Fenchurch Street, https://skygarden.london). Der Besuch der Aussichtsplattform ist kostenlos, das Ticket sollte man online reservieren.

Eine Art Geheimtipp

Ins Holly Bush Pub (22 Holly Mount, NW3 6SG) in Hampstead verirren sich nur wenige Touristen. Wenn Sie hier einkehren, werden Sie verstehen, weshalb die Londoner ihr *local* um die Ecke so lieben.

Mit dem Boot zum Markt

Von Little Venice im Stadtteil Maida Vale können Sie mit einem *narrow boat* von Jason's Trip (www.jasons.co.uk) durch den Regent's Park in aller Ruhe zum Camden Market (► S. 71) fahren.

London ist seit vielen Jahren meine Heimat. Ich mag die Menschen, ihren Humor, ihre Selbstironie, ihre Lebenseinstellung. Nach wie vor fasziniert mich, dass diese Stadt ständig in Bewegung ist und fremde Einflüsse schnell in eigene Ideen umwandelt. Dass das Essengehen in London jetzt auch meist ein Vergnügen ist, hat das Leben an der Themse für mich perfekt gemacht.

Fragen? Erfahrungen? Ideen?

Ich freue mich auf Post.

Mein Postfach bei DuMont:
p.sahla@dumontreise.de

Das ist London

Falls Sie vom Flughafen aus ein Taxi in die Stadt nehmen sollten, dann lassen Sie sich bitte nicht vom ersten Anblick verwirren. Die *black cabs,* die da ordentlich aufgereiht vor der *arrivals hall* stehen, sehen vielleicht alt aus, sind aber meistens nagelneu. Ihr historischer Look täuscht. Die Vorgängergeneration mag eleganter gewesen sein, aber die moderne Taxiflotte hat sich ganz klar am traditionellen Design orientiert. So wie vieles im Vereinigten Königreich und natürlich auch in der Hauptstadt.

Der Tradition verpflichtet

Selbstverständlich ist London eine moderne Metropole, ein Ort für heute und morgen. Trotzdem ist die Stadt bedacht, auch zurückzublicken und Altes zu bewahren. Während in der City und auf der Isle of Dogs moderne Skyscraper den Himmel erobern, herrscht in den Seitenstraßen von Chelsea oder Hampstead eine fast dörfliche Idylle. Das Kleinstädtische der Vororte gehört zu London genauso wie die zu noblen Studios umgebauten Pferdeställe in den Mews von Knightsbridge oder die hypermodernen Apartmenthäuser aus Stahl und Glas in der Holland Street von Southwark. Auch Rules, Londons ältestes Restaurant, existiert nur wenige Schritte entfernt friedlich neben einem Ableger der populären Nandos-Kette. Oder nehmen wir die BBC, den weltweit ältesten Rundfunksender. Das Old Broadcasting House, das wie der Bug eines Schiffes in die Regent Street sticht, behauptet sich neben dem ultramodernen New Broadcasting House mit dem größten Newsroom der Welt. Zum Wandel der Stadt hat auch der Tourismus beigetragen. Vor allem aber schwemmen ausländische Investoren das große Geld in die Metropole. Ausländer kaufen Immobilien zu Preisen, die sich kein Londoner leisten kann. So wächst um das stillgelegte Kraftwerk Battersea ein neues Viertel mit teuren Luxusapartments, in den Lagerhäusern am Hafen entstanden noble Lofts und die wenigen verbliebenen Hafenkneipen haben sich in schicke Gastro-Pubs verwandelt.

Irgendwo wartet immer städtisches Grün

Bei Streifzügen durch die Stadt drängt sich leicht der Gedanke auf, dass nur noch gebaut wird. Überall, gleichzeitig. Wo man auch hinblickt: Beton, Stahl, Glass schießen aus dem Boden. Bleibt da überhaupt noch Platz zum Luftholen? Der Blick auf die Landkarte zeigt: London ist die Stadt der Parks und Gartenanlagen. 3000 an der Zahl – von groß bis riesig groß, von klein bis winzig klein. 8 Mio. Bäume sorgen für ein gutes Stadtklima. Ein Riesenforstgebiet also? Ja, das trifft zu! Seit 2014 beschäftigt die Themse-Metropole sogar eigene Park Ranger. Diese berichten begeistert, dass man quer durch die Stadt spazieren kann, von Süden nach Norden, und immer wieder durch bewaldete Gebiete geführt wird, wo sich nicht nur Fuchs und Hase gute Nacht wünschen. Nun, Füchse sind nicht gerade ein Beweis für naturnahe Wälder. Man trifft sie auch mitten in London. Oft weichen sie einem nicht einmal aus, sondern gucken einen nur verschmitzt an. Über 10 000 sollen es inzwischen sein.

Direkt nach Büroschluss treffen Londoner und Touristen in den pittoresken Pubs des West End aufeinander.

Londons vereinte Nationen

London definiert sich vor allem über seine Einwohner, die aus aller Herren Länder stammen. Die ersten Menschen aus Indien suchten im 14. Jh. Zuflucht in England. Es waren Roma, Nachfahren der Nomadenstämme im Nordwesten des Subkontinents. Von 10 000 ist die Rede, später wanderten Abertausende *Asians* ein – aus Indien, Pakistan, Bangladesch und Sri Lanka. 28 000 Inder kamen 1972 allein aus Uganda, ausgewiesen von Idi Amin. Rund 100 000 Juden flüchteten zwischen 1880 und 1914 vor den Pogromen in Russland und Polen ins Britische Königreich. Genau 545 Chinesen wurden 1901 im gesamten Land gezählt, heute sind es über 125 000 allein in London. Ich könnte diese Liste seitenlang weiterführen, aber eine Zahl sagt alles: Die Kinder an den Londoner Grundschulen sprechen über 300 verschiedene Muttersprachen.
Nicht zu vergessen sind die Zuwanderer, die sich im Königreich bessere berufliche Chancen und Lebensbedingungen versprachen. Und auch jene, die zuzogen, weil ihnen das Land, vor allem aber London gefiel. In jüngster Zeit zählten dazu Hunderttausende Bürger aus den EU-Staaten. Die Londoner hatten nichts gegen diesen Zuwachs, in der Provinz aber war man nicht immer erfreut. Das zeigte sich dann auch in dem Ergebnis der Volksbefragung zum Brexit – Großbritanniens Abschied von der EU. In England stimmten 53,4 % für den Ausstieg, in Wales 52,5 %. London bewies, dass es eine Weltstadt ist. 40,1 % stimmten für den Brexit, 59,9 % dagegen, in manchen Bezirken waren es mehr als 70 %, die sich für den Verbleib in der EU aussprachen. Trauer und Entsetzen: Die Provinz hatte gesiegt. Das Ergebnis bestätigte, was viele von uns schon immer gesagt haben: London ist ein unabhängiger Staat innerhalb des Landes. Die Stadt ist stolz auf ihre Vielfalt und will sie nicht aufgeben.
Der einzige Hochgeschwindigkeitszug verbindet London übrigens mit Paris.

London in Zahlen

2

Bürgermeister – ein Mayor für die Greater London Authority und ein Lord Mayor für die autonome City of London

13

Prozent aller Bewohner der britischen Inseln leben in London.

13,76

Tonnen wiegt die große Glocke im Elizabeth Tower, weltweit als Big Ben bekannt.

32

Bezirke, die ›boroughs‹, und die City of London bilden das Stadtgebiet Greater London, das sich in Inner London mit zwölf ›boroughs‹ plus City sowie Outer London gliedert.

74

Kilometer misst die längste U-Bahn-Linie Londons, die Central Line. Mit 2,5 km ist die Waterloo and City Line die kürzeste.

100

Toiletten, 36 Badezimmer und ein hydraulischer Aufzug waren der große Luxus im Langham Hotel bei der Eröffnung 1865.

140

Meter über NN liegt Hampstead, die höchste Erhebung der Stadt und mit der riesigen Parkanlage Hampstead Heath ein beliebtes Ausflugziel der Londoner.

150-

jähriges Bestehen feierte die Londoner U-Bahn 2013. Sie ist die älteste der Welt.

1572

Quadratkilometer Stadtfläche, die größte in ganz Europa

2019

oder 2018 Jahre ist es her, das Boudica, Königin der Icener, das römische Londinium zerstörte. Sie gilt als die erste britische Heldin. Ihre Statue steht am linken Themse-Ufer direkt gegenüber von Big Ben.

16 309

Restaurants gibt es angeblich in London.

22 500

›black cabs‹ fahren Sie zu Ihren Wunschzielen in London.

8 600 000

Einwohner und damit nach Paris (9,9 Mio.) die zweitgrößte Stadt Europas

3 800 000

Londoner sind schwarz oder stammen von ethnischen Minoritäten ab. Das sind 44 % der Stadtbevölkerung.

19 200 000

ausländische Besucher kamen 2017 nach London.

220 000 000

Pfund Sterling kostete die Renovierung des Savoy. So viel hat kein Hotel je zuvor in Großbritannien für ein Facelifting ausgegeben.

55,2

Meter geht es in der U-Bahnstation Hampstead in die Tiefe – Londoner Rekord.

17 535 000 000

Pfund Sterling wurden 2017 von ausländischen London-Besuchern ausgegeben.

Was ist wo?

Schon beim Landeanflug auf London sieht man die ersten langen, sich ständig wiederholenden Häuserzeilen. Je mehr sich die Maschine dem Flughafen nähert, desto dichter wird das Netz der schnurgeraden Straßen, die sich bis an den Horizont zu erstrecken scheinen. 1572 km^2 umfasst das Gebiet von Greater London. Eine Stadt scheinbar ohne Anfang und Ende.

Erste Orientierung

Im Häusermeer sind aus der Luft einige Merkmale zu erkennen. Da ist die **Themse,** die sich durch das Stadtgebiet schlängelt. Von Ost nach West gemessen erstreckt sich die Stadt 65 km am Fluss entlang. Da sind die großen und kleinen **Parks.** Insgesamt kommen die Grünflächen auf stattliche 80 km^2, mehr als ein Viertel davon entfallen auf die sechs Königlichen Parks, die von Monarchen angelegt wurden. Gut zu erkennen sind aber auch das **alte Hafengebiet** und die **Tower Bridge** (🗺 M 4), **The Shard** (🗺 L 4), **St Paul's Cathedral** (🗺 J 2), **Big Ben** (🗺 F 5) und der **Buckingham Palace** (🗺 D 5), das Hauptschloss der britischen Monarchen.

Londons Mitte

Charing Cross (🗺 F 4) ist offiziell die Mitte Londons und – wie so vieles in England – historisch begründet. König Edward ließ hier eines der zwölf Kreuze im Gedenken an seine verstorbene Frau, Königin Eleanor, errichten und die Ortsbezeichnung soll eine sprachliche Verballhornung des Begriffs *croix de la chère reine* sein. Eigentlich stand das Kreuz aber gar nicht an dieser Stelle, sondern am Eingang zur Whitehall. Für Londoner ist der Mittelpunkt ihrer Stadt sicherlich der **Leicester Square** (🗺 F 3), für Touristen sind es eher **Piccadilly Circus** (🗺 E 3) oder zuletzt auch **Trafalgar Square** (🗺 F 3). Alle drei liegen nahe beieinander. Von hier führen die Wege zu Kaufhäusern, Kinos, Restaurants, Theatern, Kneipen und Cafés. Vom Leicester Square sind es nur einige Schritte ins angrenzende **Soho** (🗺 D/E 2/3), nach **Chinatown** (🗺 E/F 2/3) und **Covent Garden** (🗺 F 3).

> **C**
> CIRCUS
>
> Am **Piccadilly Circus** können Sie keine dressierten Tiger oder lustige Clowns bewundern. Auch am Oxford Circus dürften Sie vergeblich nach einer Manege suchen. Das Wort *circus* bedeutet nichts weiter als ›runder Platz‹ oder ›Rondell‹.

Die Anfänge

London geht auf zwei Siedlungen zurück. Was wir heute die **City of London** (🗺 K/L 2/3) nennen, war ursprünglich das römische Londinium und ist fast 2000 Jahre alt. Schon früh etablierte sich die City als Zentrum des Handels, des Bankenwesens, der Innungen. Daneben entwickelte sich im Westen aber auch bald **Westminster** (🗺 D–F 5/6) als Konkurrenz. Hier befindet sich seit fast 1000 Jahren das Zentrum der politischen und kirchlichen Macht. Zu Westminster gehören die Houses of Parliament, die Downing Street mit dem Wohnsitz des Premierministers, die Krönungskirche Westminster Abbey und der Buckingham Palace. Aber auch das Oberste Gericht des Landes steht hier sowie Westminster Cathedral, die größte katholische Kathedrale Londons in der Nähe des Bahnhofs Victoria Station.

Szeneviertel

Heute zieht es die jungen Londoner aus dem Westen ins **East End** (🗺 östl. M 1/2) – auf der Suche nach Kunst, Kultur und Entertainment. Es waren Künstler, die im Osten zunächst von leer stehenden Lagerhallen und Stapelhäusern angelockt wurden und **Hackney** (🗺 nördl. M 1), **Limehouse** (🗺 nördl. M 1) oder **Spitalfields** (🗺 M 1) bevölkerten. Es folgten Immobilienmakler, Bodenspekulanten und Investoren. Inzwischen sind Teile des East End bereits unerschwinglich. Trotzdem findet man hier noch extreme Armut in Sichtweite von Straßen mit schicken Yuppies oder heruntergekommene Sozialwohnungen einen Steinwurf entfernt von überteuerten Lofts.
Ähnlich zeigt sich die Entwicklung an der **South Bank** (🗺 G–M 3/4). Dort werden Zug um Zug alle alten Speicherstädte und Lagerhäuser in teure Wohnungen umgewandelt. Für Normalverdiener ist hier kein Platz mehr. Die werden immer weiter an die Ränder der Stadt verdrängt. Für sie ist natürlich deshalb die Frage unerheblich, ob die Uferpromenade durch Glas- und Betonpaläste wie die neue **City Hall** neben der **Tower Bridge** (🗺 M 4) und das **Southbank Centre** an der **Waterloo Bridge** (🗺 G 3/4), durch das **London Eye** an der **Westminster Bridge** (🗺 G 4) oder durch die **Tate Modern** (🗺 J 3) nahe dem **Shakespeare's Globe Theatre** (🗺 J 3) wenigstens optisch dazu gewonnen hat.

Londons Dörfer

Die meisten Stadtteile waren früher Dörfer vor den Toren Londons. Noch heute sind vielfach die frühen Ursprünge der Stadt zu erkennen. In **Chelsea** (🗺 A/B 7/8) fallen die schmalen Gassen mit ihren winzigen Häuschen und Vorgärten auf, in **Spitalfields** (🗺 M 1) die einst eleganten Häuser der Hugenotten. Die großen *town houses* der ehemaligen Führungsschicht sind charakteristisch für **Mayfair** (🗺 C 3) und **Belgravia** (🗺 B/C 5/6), während das ländliche Aussehen von **Hampstead** (🗺 nördl. A 1) früh die Bohème anzog. Schon im 19. Jh. schnappten die Londoner hier gern frische Luft; auch Karl Marx gehörte damals zu den Freunden der Heath.

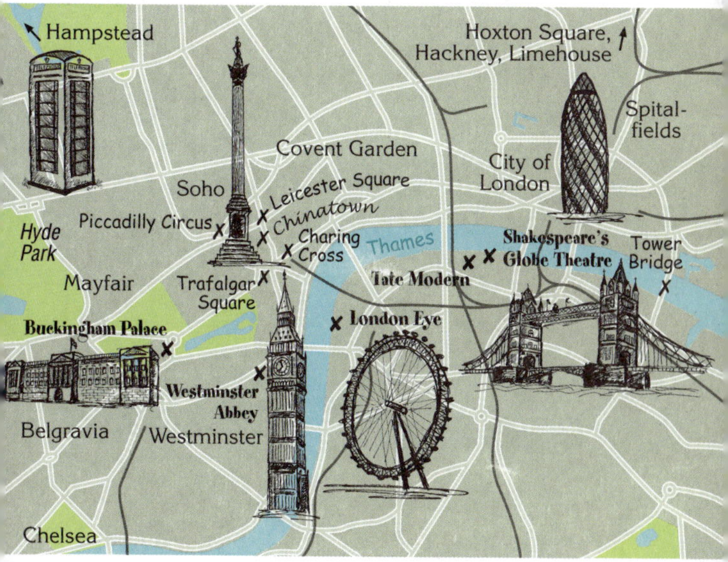

Augenblicke

Outdoor Living

Freizeit findet im Freien statt oder, wie die Briten sagen, ›al fresco‹. Das ist der neueste Trend auf der Insel – ›weather permitting, of course‹. Verstecken ist out: unvorstellbar für prüde Viktorianer, unverzichtbar für moderne Londoner. Die meisten Pubs haben deshalb keine undurchsichtigen Milchglasscheiben mehr, sondern gewähren Einblick. Cafés und Restaurants servieren jetzt auch draußen auf dem Bürgersteig. Man geht mit Hund und Kindern nicht nur im Park spazieren, sondern durch das eigene Viertel wie hier am Broadway Market.

Street Art ist salonfähig

Banksy und seine Straßenkunst sind aus London nicht mehr wegzudenken. Hier fing alles an, obwohl Banksy eigentlich aus der Underground-Szene in Bristol stammt. Inzwischen kennt ihn die ganze Welt, weil er überall seine politischen Kommentare heimlich an Mauern und Häuserwände sprüht. Er braucht eigentlich keine Kunstgalerien und ist immer für eine Überraschung gut. London und Banksy gehören zusammen, seine Message aber ist international.

BURGER KING

Splash!

Der Spruch heißt eigentlich: Manchmal regnet es in London und manchmal regnet es immer. Doch im Zeitalter des Klimawandels trifft dieser Spruch längst nicht mehr zu. Hätten Sie gedacht, dass es in Rom häufiger regnet als in London? Außer im Sommer! Ein kleiner, allerdings entscheidender Unterschied. Aber wetten, dass der Mann auf dem Foto kein Londoner ist und auch kein Engländer? Die tragen nämlich keine Regenmäntel. Das wusste wahrscheinlich auch der Taxifahrer.

Ihr London-Kompass

#2
Zentrum der Macht – **City of Westminster**

#3
Krönungskirche und Nationaldenkmal – **Westminster Abbey**

»Hear, Hear«

← ÜBERMENSCHLICHE MOMENTE –

#1
Sightseeing per Linienbus – **vom East End in den Westen**

EINFACH EINSTEIGEN UND MITFAHREN

WOMIT FANGE ICH AN?

Auf der Suche nach der Zeit

#15
Themsefahrt – **von Westminster nach Greenwich**

VON TRASH BIS STREET CRED

#14
Laut, bunt und fröhlich – **Camden Market**

Londons Sloanies treffen …

KUNST-KRAFTWERK

#13
Tummelplatz der Schönen und Reichen – **King's Road**

#12
Reise zur Kunst – **Tate Britain und Tate Modern**

#4
Italien lässt grüßen – **Covent Garden**

LATTE bestellen, **STRASSENKÜNSTLER** bestaunen, **SHOPPEN**

#5
Ein ganz eigener Kosmos – **Soho und Londons Chinatown**

Das pralle Leben

Die Welt schien grenzenlos

#6
Die Schatzkammer des Empire – **das British Museum**

GLAUBE UND GELD

#7
Kirche und Finanzen – **St Paul's Cathedral und City of London**

»VERY SPICY«

#8
Vom Armenhaus zum Szeneviertel – **Whitechapel**

Nichts für Feiglinge!

#9
Grusel, Glanz und Glitzer – **der Tower of London**

ARCHITEKTUR AUF DIE SPITZE GETRIEBEN

DAS AUGE DER JAHRTAUSENDWENDE

#11
Blick aus der Vogelperspektive – **das London Eye**

#10
Zwischen Tradition und Moderne – **South Bank**

#1

Sightseeing per Linienbus – **vom East End in den Westen**

Sie haben Zeit? Sie wollen London sehen, aber nicht zu Fuß? Geld wollen Sie nicht viel ausgeben? Wie wär's, wenn Sie sich einfach eine Travel oder Oyster Card besorgen, vielleicht auch ein bisschen Proviant, und mit einem ganz normalen Linienbus quer durch London schaukeln? Auf diese Weise sind Sie nah dran am Alltag: Sie schauen aus dem Fenster, fangen fremde Sprachbrocken auf, beobachten Ungewohntes.

Piccadilly Circus ist vielleicht der bekannteste Platz in London und ein wichtiger Orientierungspunkt für alle Besucher.

Auch bei einer Fahrt mit dem Linienbus kann man zwischendurch so manche Sehenswürdigkeit entdecken. Sie müssen allerdings Zeit und Geduld mitbringen. Eine Busfahrt durch London ist nichts für Tempodrücker. Die Metropole ist riesig und entsprechend lang sind die Busrouten. Für einen

ersten Eindruck empfehle ich Bus Nummer 15, der von Blackwall am nordöstlichen Zipfel der Isle of Dogs bis zum Trafalgar Square fährt. Richtig spannend wird es ab **Aldgate East**.

Let's go!

Hier beginnt das richtige **East End,** also das Viertel der Cockneys, das man von den Storys um Jack the Ripper kennt. Diese Zeiten sind natürlich vorbei, aber gediegen geht es im East End trotzdem noch nicht zu. Es ist heute Londons Hochburg der pakistanischen und bengalischen Einwanderer, aber auch eines jener Viertel, das immer beliebter bei jungen Leuten wird. Das zeigt sich auch an der **Whitechapel Gallery** 1 (► S. 49) in der Whitechapel High Street. Bevor Sie in den 15er-Bus einsteigen, sollten Sie dort vorbeischauen. Wer hingegen mit Kunst nicht viel im Sinn hat und nicht unter Platzangst leidet, kann sich kurz auf dem **Petticoat Lane Market** 1 (► S. 51) in der Middlesex Street umschauen.

Wenn Sie an der **U-Bahn-Station Aldgate East** eingestiegen sind, suchen Sie sich im Bus möglichst einen Platz auf dem Topdeck und schauen schnell mal nach links. Vielleicht ergattern Sie noch rasch einen Blick auf den **Tower of London** 2 (► S. 52)! Dann aber führt Sie die Reise innerhalb kürzester Zeit in ein ganz anderes London, quer durch die **City** 3 (► S. 45), die Hochburg der Hochfinanzen. Fast sämtliche Banken und Versicherer der Welt haben hier eine Niederlassung. Schauen Sie einfach auf die Firmenschilder an den modernen Bürohäusern und erschrecken Sie ruhig ein bisschen: Von hier aus wird die Welt regiert! Darüber können auch die paar niedrigen Häuser aus dem Mittelalter nicht hinwegtäuschen. Seit der Brexit-Abstimmung stellen sich viele Unternehmen immer wieder die Frage: Wird das so bleiben? Aber dann am Ende der **Cannon Street** wieder einmal ein vertrautes Bild: die altehrwürdige **St Paul's Cathedral** 4 (► S. 44) mit ihrer eindrucksvollen Kuppel.

Im Herzen der Stadt

Die **Fleet Street** ist heute nur noch ein trauriger Schatten ihrer selbst. Man kann sich nicht vorstellen, dass sie einmal die mächtigste Zeitungsstraße der Welt war. Bis in die 1980er-Jahre befanden

► BUSROUTEN

Viele Buslinien laden zum Sightseeing ein. Welche Strecken vielversprechend sind, verrät ein Blick in den Plan **Key bus routes in central London.** Sie finden ihn auf der Website https://tfl.gov.uk/maps/bus. Ihre **Fahrkarte** bekommen Sie nicht mehr vom Schaffner oder Fahrer im Bus. Londoner bezahlen entweder mit ihrer Oyster Card oder per Kreditkarte, die das *contactless*-Symbol trägt. Fragen Sie Ihre Bank danach, auch ob dabei Gebühren anfallen und falls ja, wird die Busfahrt teuer! Die Karte halten Sie beim Einsteigen einfach an ein Lesegerät, das genügt.

Eine Bustour durch London lohnt sich zu jeder Tages- und Nachtzeit.

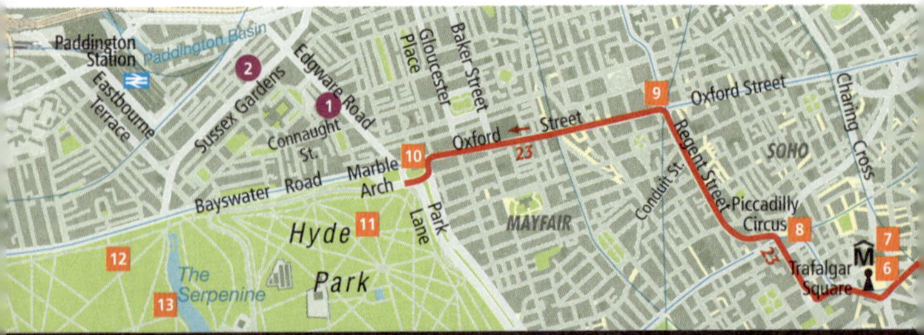

Cityplan: A–M 2/3 | **Station:** Aldgate East, **Bus:** 15 und 23

INFOS/ÖFFNUNGSZEITEN

Bustickets: Fährt man nur eine Strecke, ist die Oyster Card ideal, will man die Fahrt unterbrechen, erlaubt eine Day Travelcard kostengünstig unbegrenztes Fahren. Infos unter: https://tfl.gov.uk

National Gallery 7: www.nationalgallery.org.uk, Sa–Do 10–18, Fr 10–21 Uhr, Eintritt frei

KULINARISCHES FÜR ZWISCHENDURCH

In der **Edgware Road** 1 nahe Marble Arch findet man einige der besten libanesischen Restaurants der Stadt. Empfehlenswert ist auch die malaiische Küche im **Satay House** 2 (13 Sale Place, T 020 77 23 67 63, www.satay-house.co.uk, tgl.12–15, 18–23 Uhr) südlich der U-Bahn-Station Edgware Road. Das winzige Restaurant existiert schon seit 1973. Wenn Sie es nicht gern scharf mögen, lassen Sie sich am besten vom Kellner beraten.

sich hier die wichtigsten englischen Tageszeitungen und Nachrichtenagenturen, bevor sie sich über ganz London verteilten. Aber noch heute spricht man in England von ›Fleet Street‹, wenn man die britische Presse meint.

Kurz vor **Aldwych** wird die Fleet Street zum **Strand**. Kein Witz, so heißt die Straße wirklich. Hier drängten sich einst die Slums, in denen viele Romane von Charles Dickens spielen. Heute steht im Strand eines der Londoner Nobelhotels, das **Savoy** 5, das seit Oktober 2010 – nach der umfangreichsten Hotelrenovierung in der Geschichte Englands – in neuem Glanz erstrahlt. Die Seitenstraßen auf der linken Seite führen hinunter zur Themse. Rechts liegt Covent Garden, der frühere Obst- und Gemüsemarkt, heute ein Paradies für Shopaholics.

Auf dem **Trafalgar Square** 6 (► S. 24) erinnert **Nelson's Column** an die große Seeschlacht von 1805 gegen die Flotten Frankreichs und Spaniens. Von einer massiven korinthischen Säule aus dem Jahr 1842 blickt der große Admiral zur Polit-Straße Whitehall hinunter. Der **National Gallery** 7 wendet er den Rücken zu. Anlass für ihren Bau war der Kauf von 38 Werken aus der Sammlung des russischen Bankiers John Julius Angerstein durch die britische Regierung im Jahr 1824. Gemälde von Tizian, Raffael, Rembrandt und Rubens gehörten dazu. Inzwischen ist die Sammlung europäischer Malerei auf nahezu 2500 Exponate angewachsen. Es gibt also gute Gründe, hier die Busfahrt zu beenden.

Londoner Einkaufswelten

Oder aber Sie steigen am Charing Cross um in den 23er und fahren weiter Richtung Marble

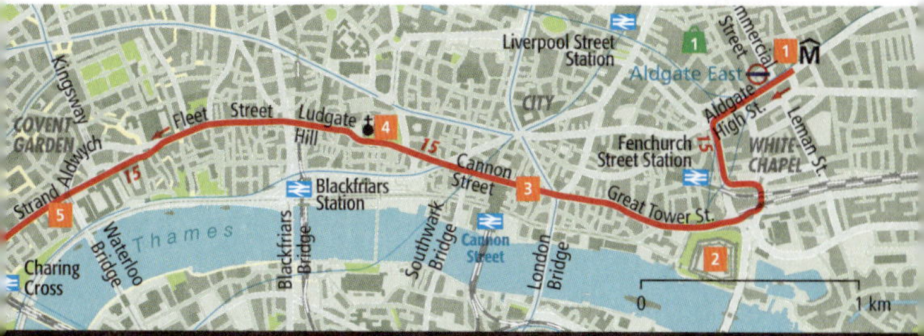

Arch. In nur wenigen Minuten erreicht der Bus den **Piccadilly Circus** 8. Sechs Straßen münden auf den Platz, der schon lange kein Kreisel *(circus)* mehr ist, aber dafür eine der berühmtesten *landmarks* Londons und beliebter Treffpunkt für junge Leute aus dem Ausland. Sie sitzen gern auf den Stufen des **Shaftesbury Memorial,** in aller Welt als Eros-Brunnen bekannt. Der Schriftsteller Stefan Zweig bezeichnete Piccadilly Circus als »eigentlichen Nordpol oder Südpol unserer Welt«. Das mag so sein, der Mittelpunkt Londons jedenfalls liegt irgendwo anders.

Weiter geht es über die **Regent Street,** eine der besseren Geschäftsstraßen der Stadt. Nobler sind die Läden jedoch weiter westlich in Mayfair, insbesondere auf der superteuren New Bond Street. Rechts erstreckt sich Soho mit seinen vielen Restaurants und Cafés. Der Bus biegt am **Oxford Circus** 9 in eines der populärsten und natürlich auch überfülltesten Londoner Shopping-Paradiese ab, die **Oxford Street.** Am **Marble Arch** 10 erreicht er mit dem **Hyde Park** aber wieder eine der vielen Oasen in dieser quirligen Stadt.

Für einen guten Blick auf eine ungewöhnliche Schaufensterdekoration sorgt dieser Fensterputzer in der Oxford Street.

UM DIE ECKE

Im **Hyde Park** 11 (www.royalparks.org.uk, 5–24 Uhr) gibt sich London relaxed: Man trifft Spaziergänger, Reiter und sogar Schwimmer, die sich bei Wind und Wetter in den Serpentine-See wagen. Im Westteil des Parks, den **Kensington Gardens** 12, fahren Kindermädchen ihre Zöglinge auf dem Broad Walk spazieren. Kinder vergnügen sich im Planschbecken des Diana Princess of Wales Fountain und *culture vultures* gehen in die Ausstellungen der **Serpentine Gallery** 13 (www.serpentinegalleries.org).

#2

Zentrum der Macht – City of Westminster

Im Regierungsviertel liegen Vergangenheit und Gegenwart so nah beieinander wie in keinem anderen Teil der Metropole. Hier haben Regenten und Politiker über das Wohl und Wehe der direkten Nachbarn Irland, Wales und Schottland entschieden oder über dasjenige weit entfernter Völker. Von hier ergingen die Orders, sich große Teile der Welt untertan zu machen.

An normalen Tagen geht es ruhig zu rund um Nelson's Column auf dem Trafalgar Square, doch wehe, den Londonern missfallen Entscheidungen ihrer Politiker: seit Generationen ist der Platz in Sichtweite des Regierungsviertels Schauplatz von Demonstrationen.

Am **Trafalgar Square** 1 spürt man deutlich, dass hier einmal das Herz eines Weltreichs schlug, in dem die Sonne nie unterging. Ehrfurchtsvoll spricht man auch heute noch vom britischen Empire. Wer von den Stufen der **National Gallery** (► S. 22) vorbei an **Nelson's Column** Richtung Parlament blickt, hat praktisch die ganze britische Kolonialgeschichte im Visier. Schon am Platz selbst dominieren die Hochkommissionen von Kanada und Südafrika. Weiter unten erstreckt

sich dann **Whitehall,** der Boulevard der großen Ministerien.

Über den Polit-Boulevard

Eines der schönsten Gebäude im Regierungsviertel ist **Banqueting House** 2. Es stammt von Inigo Jones, dem großen Architekten, der London innerhalb von 27 Jahren verwandelte, nachdem er 1615 zum Surveyor-General des Königs ernannt worden war. Das erste im klassizistischen Stil erbaute Gebäude Londons ist einziges Überbleibsel der königlichen Residenz Whitehall Palace, die 1698 abbrannte. Das Deckengemälde des Festsaals stammt von Peter Paul Rubens. König Charles I gab es 1629 in Auftrag. Seine Bürger haben es ihm nicht gedankt. Am 30. Januar 1649 wurde der König gezwungen, durch ein Fenster im ersten Stock direkt aufs Schafott zu treten.

In der nach links abgehenden Horse Guards Avenue würdigt zwischen dem Ministry of Defence und dem ehemaligen War Office ein **Denkmal** 3 die Verdienste der nepalesischen Gurkhas. Nachdem sie ihren Krieg gegen Großbritannien (1814–16) verloren hatten, traten sie der britischen Armee bei und galten als besonders tapfer.

Gegenüber dem Banqueting House liegt der Zugang zur **Horse Guard Parade** 4. Am Tor wachen zwei Gardesoldaten hoch zu Ross, auch wenn der Paradeplatz an den meisten Tagen im Jahr leer ist. Aber Anfang Juni findet hier immer anlässlich der offiziellen Geburtstagsfeier der Monarchin mit viel Pomp die Militärparade Trooping the Colour statt.

Einige Schritte weiter zweigt die kleine **Downing Street** 5 ab. In Number Ten sind traditionell die Prime Minister zu Hause, im Nachbarhaus die Schatzkanzler. Bis 1991 konnte jedermann die Straße betreten, vor Haus Nummer 10 ehrfurchtsvoll verharren und weiterschlendern in den St James's Park oder die Whitehall. In jenem Jahr aber verübten Anhänger der IRA einen Mörserangriff auf das Haus des Premierministers. Seitdem versperren riesige Tore den Zugang.

Prachtvolles Ambiente

Ganz unten am Ende von Whitehall beherrscht die **Westminster Abbey** (▶ S. 28) seit fast 1000 Jahren das Bild. König Edward the Confessor ver-

Ü ÜBRIGENS

Familienfreundliche Arbeitszeiten – davon können britische Abgeordnete nur träumen. Aber bitte nicht nachts! Denn die Sitzungen im Unterhaus ziehen sich oft bis in die frühen Morgenstunden hin. Alle Reformvorschläge sind bisher gescheitert. Tradition bleibt Tradition! Bis August 2017 brannte ganz oben im Turm von **Big Ben** ein Licht, wenn die Parlamentarier zu später Stunde noch tagten. Doch die Glocke von Big Ben ist nun verstummt, das Licht erloschen. Die Reparatur- und Wartungsarbeiten werden bis 2021 dauern.

Hab acht! Über 1000 Soldaten im traditionellen Rotrock und mit Bärenfellmütze stehen bei Trooping the Colour stramm.

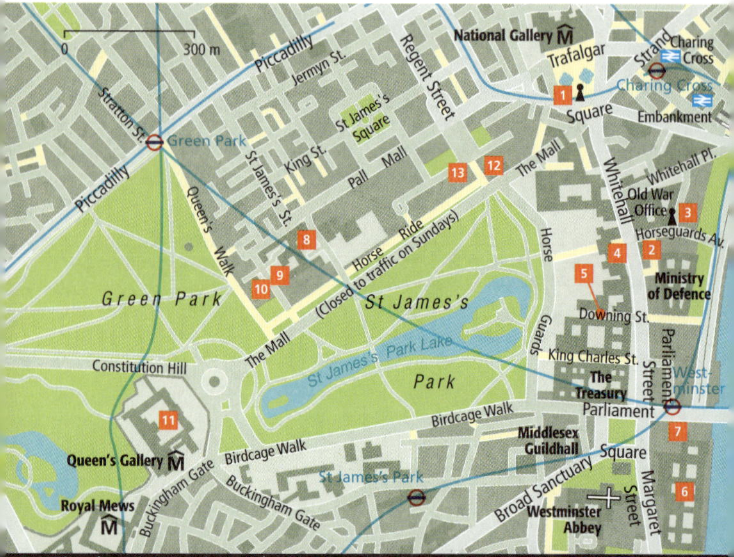

Cityplan: D–F 3–5 | **Station:** Charing Cross

INFOS/ÖFFNUNGSZEITEN

Horse Guard Parade 4: Wachablösung Mo–Sa 11, So 10 Uhr
Palace of Westminster (Houses of Parliament) 6: www.parliament.uk/visiting, Debatten im House of Commons Mo 14.30–22.30, Di, Mi 11.30–19.30, Do 9.30–17.30, Fr 9.30–15 Uhr; Führungen T 020 72 19 41 14, £18,50

KULINARISCHES FÜR ZWISCHENDURCH

In die **ICA Café Bar** 12 (Di–So 11–23 Uhr, Imbiss ab £8,95) können Sie auf ein Getränk oder einen Snack einkehren, aber auch zu Lunch und Diner.

legte Mitte des 11. Jh. seine Residenz nach London, ließ die Kirche erbauen und direkt daneben seinen neuen Palast. Der heutige **Palace of Westminster** 6, auch **Houses of Parliament,** ist jedoch ein Neuling. Der neugotische Prachtbau mit seinen unzähligen vergoldeten Türmchen, Spitzen und Verzierungen stammt aus der ersten Hälfte des 19. Jh. und hat sich im Laufe der Jahrzehnte zur bekanntesten Sehenswürdigkeit Londons entwickelt. Hier erahnt man, warum Britannien mit solcher Intensität an seiner Sonderrolle in der Welt festhält. **Big Ben** 7 ist verstummt, der Queen Elizabeth-Turm von Baugerüsten umgeben und mit Planen verhüllt. Im Lauf der kommenden Jahre werden immer mehr Teile der Parlamentsgebäude eingepackt. Britanniens Parlamentarier und noble Lords werden für 12 Jahre in andere Gebäude umziehen. Lange haben sie sich dagegen gewehrt. Die Ausgaben für die Renovierung werden auf 3,5 Milliarden Pfund geschätzt.

Seinen Höhepunkt erreichte das britische Empire unter Königin Victoria. Das berühmteste Beispiel für den ausschweifenden Geschmack des Zeitalters, das ihren Namen trägt, ist der Glockenturm am Parlament. Seit 2012 heißt er zwar

Elizabeth Tower, aber im weltweiten Volksmund wird er wohl immer **Big Ben** genannt werden. Eigentlich aber ist das bloß der Name der großen Glocke, deren tiefer Klang, der Westminster-Schlag, in der ganzen Welt bekannt ist.

Die Queen lässt bitten

Die rot gefärbte Prachtstraße vom Trafalgar Square zum Buckingham Palace heißt **The Mall.** Auf der einen Seite liegt der **St James's Park** (▶ S. 84), die andere säumen grandiose *town houses* und Paläste, etwa **St James's Palace** 8 – bis heute offizielle Residenz britischer Monarchen –, **Clarence House** 9 oder **Lancaster House** 10, Sitz des Commonwealth-Sekretariats. Der **Buckingham Palace** 11 ist umgeben von hohen Mauern und gusseisernen Zäunen. Normalsterbliche haben nur Zutritt, wenn sie von der Queen mit Orden und Titeln belohnt oder zur sommerlichen *garden party* eingeladen werden. Einem Ereignis im Jahr 1992 verdanken wir aber, dass selbst unsereins das Gebäude betreten kann. In Schloss Windsor war es zu einem verheerenden Brand gekommen und der königliche Haushalt brauchte Geld. Man kam deshalb auf die einträgliche Idee, die 19 *state rooms* (Staatsgemächer) zahlenden Besuchern zugänglich zu machen – allerdings nur im August und September, wenn sich die Royal Family traditionell auf ihr Schloss in Schottland zurückzieht. 1703 wurde der Palast für den Duke of Buckingham gebaut. Königliche Residenz wurde das Haus, als George III es 1775 für seine Königin, Charlotte von Mecklenburg-Strelitz, die ihm 15 Kinder gebar, kaufte. Es dauerte bis ins 19. Jh., bevor das Gebäude offizielle Residenz eines regierenden Monarchen wurde. Victoria war die Erste, die in den Palast einzog.

UM DIE ECKE

Das **Institute of Contemporary Arts (ICA)** 12 (The Mall, SW1Y 5AH, www.ica.org.uk, Di–So 11–23 Uhr, £1) wurde 1947 von einem Kollektiv von Dichtern, Künstlern und Kritikern gegründet. Ziel war und ist, experimentelle Kunst und Trends aus den Bereichen Kino, Theater, Fotografie oder Musik zu bieten. Seit 1968 befindet sich das Institut in der Carlton House Terrace gegenüber der früheren preußischen Botschaft, und heute Sitz der **Royal Society** 13.

Im St James's Park, wo die Royals seit Henry VIII lustwandelten oder auf Jagd gingen, können Sie heute im Liegestuhl chillen.

H HEAR HEAR

Sicherlich haben Sie das traditionelle »Hear Hear!« der britischen **Parlamentarier** schon mal im Fernsehen vernommen. Erinnert es nicht ein wenig an das Blöken von Schafen? Wenn Sie die eigentümliche Mischung aus museumsreifen Ritualen, mysteriösen Auftritten und unflätigem Verhalten der Abgeordneten live miterleben möchten, ist dies in den Sitzungsperioden des House of Commons ohne größere Formalitäten möglich. Sie müssen sich nur geduldig in die Schlange der Neugierigen vor dem St Stephen's Entrance einreihen.

#3

Krönungskirche und Nationaldenkmal – **Westminster Abbey**

Sie müssen kein Monarchist sein, um die Bedeutung der Westminster Abbey zu begreifen. Auch wenn der unablässige Strom der Besucher den Blick auf Grabsteine und Gedenktafeln manchmal erschwert, so offenbart sich hier, wie tief verwurzelt diese Kathedrale im historischen Bewusstsein der Briten ist.

Die Abtei von Westminster gibt es seit 960, aber Bedeutung erlangte sie erst mit William the Conqueror. Er ließ sich hier 1066 zum König krönen, zweieinhalb Monate nach seinem Sieg bei Hastings. Seitdem ist die Westminster Abbey die Krönungskirche des Landes – insgesamt 38 Monarchen wurde hier schon die Krone aufgesetzt. Henry III ließ einen Teil der alten Abbey Mitte des 13. Jh. abreißen und eine neue im anglo-französischen frühgotischen Stil erbauen. Das ist größ-

Mit den Märtyrern des 20. Jh. ehrt die Westminster Abbey auch Dietrich Bonhoeffer (4. v. r) und Maximilian Kolbe (ganz links)

tenteils die Kirche, die Sie heute sehen. Allerdings sollten etwa fünf Jahrhunderte zwischen Henrys Grundsteinlegung und dem Bau der Türme durch Nicholas Hawksmoor, einen Schüler von Christopher Wren, vergehen.

Märtyrer der Neuzeit

Das **Westportal** 1 der Abbey schmücken seit 1998 moderne Skulpturen. Sie zeigen zehn der bekanntesten Märtyrer der Neuzeit: Männer und Frauen, die für ihren Glauben gestorben sind. Der deutsche Pastor Dietrich Bonhoeffer, der 1945 einen Monat vor Kriegsende im KZ Flossenbürg hingerichtet wurde, gehört ebenso dazu wie der deutsch-polnische Franziskanermönch Maximilian Kolbe, der sich in Auschwitz für einen anderen Häftling opferte. Eine weitere Skulptur zeigt den amerikanischen Bürgerrechtler Martin Luther King, der 1968 einem Attentat zum Opfer fiel.

Wer sich nicht mit dem Blick auf die Fassade begnügen will, wird angesichts der Eintrittsgelder vielleicht zurückschrecken. Aber hier gilt wie überall: Alles hat seinen Preis! Im Inneren wird an über 3000 Würdenträger, Regenten und Berühmtheiten erinnert. Lassen Sie sich angesichts dieser Zahl nicht verwirren!

Was Rang und Namen hat

Im Boden des **Hauptschiffs** 2 verweist eine schwarze Platte auf das **Grab des unbekannten Soldaten.** Es ist immer mit einer Girlande aus künstlichen Mohnblumen geschmückt, mit denen das Land am 11. November, dem Armistice Day, der britischen Soldaten gedenkt, die im Ersten Weltkrieg starben.

Nicht weit davon entfernt findet sich eine Gedenktafel für **Winston Churchill,** den großen Premierminister, und in der Mitte des Hauptschiffs liegt das Grab des 1873 verstorbenen **Forschers** David Livingstone. Neben der **Chorwand** 3 wird an **Wissenschaftler** wie Isaac Newton oder Charles Darwin erinnert. Zu den Dichtern, derer man in der **Poet's Corner** 4 gedenkt, gehören natürlich auch Byron und Shakespeare. Die Gräber der Könige und Königinnen sowie deren Ehemänner bzw. Ehefrauen sind über die ganze Abteikirche und ihre Kapellen verteilt. So haben Maria Stuart und ihre Widersacherin Elizabeth I in angemes-

Ein erholsames Stückchen Grün im Schatten von Westminster Abbey

K
KIRCHE

Dass Westminster Abbey das Zentrum der anglikanischen Kirche ist, gerät leicht in Vergessenheit. Theologische Fragen werden in der Universitätsstadt Canterbury in der Grafschaft Kent entschieden. Denn der **Erzbischof von Canterbury** ist das Oberhaupt aller Anglikaner auf der Welt. Sein Sitz aber befindet sich im Lambeth Palace in London, am Südufer der Themse.

sener Entfernung voneinander ihre letzte Ruhe gefunden, die eine im Südschiff, die andere in der Apsis der Lady Chapel.

Die **Lady Chapel** 5 am östlichen Kopfende der Kathedrale nannte John Leland, der Bibliothekar von Henry VIII, zu Recht »*the wonder of the entire world*« – ein Weltwunder also. Sie ist die größte Marienkapelle im Land und das letzte Meisterwerk englischer mittelalterlicher Architektur. Besonders beeindruckend ist ihre fächergewölbte Decke. Ihr Wow-Faktor lässt jeden Besucher erst einmal verstummen. Dass 95 Heilige die Wände säumen, trägt ein Übriges bei. Hier macht sich ein Gefühl von Ehrfurcht und Staunen breit, nicht zuletzt beim Anblick des Grabmals von Henry VII und seiner Gemahlin Elizabeth of York.

Oase der Ruhe

Wem die Menschenmassen in der Kirche zu viel werden, dem sei der **Great Cloister** 6 empfohlen – im Kreuzgang ist es ruhig und entspannt, fast idyllisch. Es sei denn, es findet eine Veranstaltung statt wie die Modenschau des Hauses Gucci im Juni 2016. Davon bleibt der **College Garden** 7 verschont, der vor über 900 Jahren als Kräutergarten angelegt wurde. Diesen Privatgarten der Abbey können Sie allerdings nur an manchen Dienstagen und Donnerstagen betreten. Im ehemaligen Dormitorium der Mönche, das an die Westseite des Gartens grenzt, logiert

Eine Erscheinung im Great Cloister? – Nein, nur ein Knabenchor in weiß-roten Ministrantengewändern.

INFOS/ÖFFNUNGSZEITEN

Westminster Abbey: T 020 72 22 51 52, www.westminster-abbey.org, Mo–Sa, 9.30–16.30 Uhr (So nur für Gottesdienste), £20, erm. £17, bis 16 Jahre £9, unter 11 Jahre kostenlos

Zeitplan: Für eine ausführliche Besichtigung der Abbey sollte man mindestens einen halben Tag veranschlagen.

KULINARISCHES FÜR ZWISCHENDURCH

In den ehemaligen Vorratskellern der Mönche wurde das **Cellarium** 1 (20 Dean's Yard, T 020 72 22 05 16, www.cellariumcafe.com, Mo–Fr 8–18, Sa 9–17, So 10–16 Uhr, HG um £12) eingerichtet. Unter den historischen, weiß getünchten Gewölben oder in der hellen Café-Bar mit kleiner Terrasse können Sie wunderbar verschnaufen.

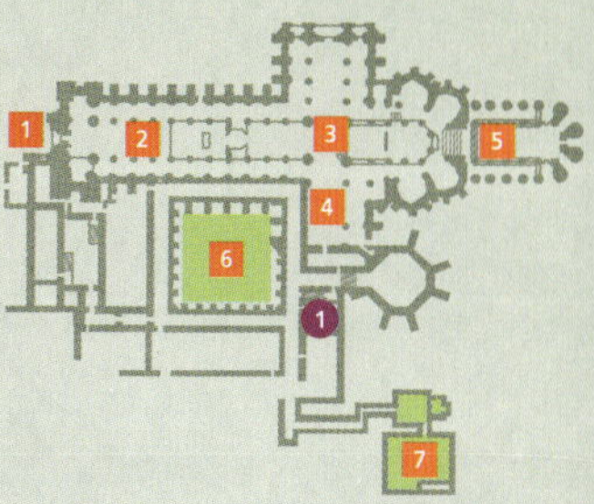

Cityplan: F 4 | **Station:** Westminster oder St James's Park

die Great Hall der Eliteausbildungsstätte **Westminster School.** An der mittelalterlichen Südmauer des Kreuzgangs lässt das *watergate* erahnen, wie breit die Themse früher war, bevor das Ufer von den Viktorianern befestigt wurde. Rund 45 m trennen heute das ›Wassertor‹ vom Fluss.

UM DIE ECKE

Westlich der Westminster Abbey weist der 83 m hohe Kampanile den Weg zur **Westminster Cathedral** (42 Francis Street, SW1P 1QW, T 020 77 98 90 55, westminstercathedral.org.uk, Mo–Fr 9.30–17, Sa, So 9.30–18 Uhr, Erw. £6, erm. £3, Fam. £12), die Hauptkirche der Katholiken von England und Wales. Im Gegensatz zur ihrer anglikanischen Schwester – die ja ursprünglich auch eine katholische Kirche war – wurde sie erst 1903 eröffnet. 300 Jahre lang gab es keine katholischen Kirchen in England, nachdem Henry VIII sich von Rom getrennt hatte, weil der Papst seine Hochzeit mit Anne Boleyn für null und nichtig erklärte. Das Gotteshaus im neobyzantinischen Stil gilt als letztes großes Beispiel viktorianischer Architektur. Die Viewing Gallery öffnet einen wundervollen Blick über Westminster und die angrenzenden Stadtteile.

P
PFRÜNDE

Geld oder Liebe? Was mag Henry VIII zum Bruch mit Rom bewogen haben? Darüber streiten sich die Gelehrten. Theologische Fragen haben bei der Gründung der **Anglikanischen Kirche** sicherlich auch eine Rolle gespielt. Zweifellos sorgte sich der König um die Thronnachfolge, vor allem aber gierte er schon lange nach dem Reichtum der katholischen Kirchen und Klöster im Land, um seine vielen Feldzüge zu finanzieren.

4

Italien lässt grüßen – **Covent Garden**

An Sommerabenden ist die Convent Garden Piazza ›the place to be‹. In den Restaurants, Geschäften und Pubs herrscht Hochbetrieb. Die Londoner sitzen gemütlich im Freien, schauen den Straßenkünstlern zu, genießen die Klänge des Saxofonspiels. Der Anblick des weltbekannten Opernhauses im Hintergrund beeindruckt nur die Touristen.

Der Londoner Architekt Inigo Jones hat die **Convent Garden Piazza** 1 1630 entworfen. Sie ist noch immer eindeutiger Mittelpunkt des Viertels und lässt einen irgendwie an Urlaub in Italien denken. Kein Wunder: Inigo Jones war schließlich Liebhaber der italienischen Baukunst, geistiger Schüler Andrea Palladios und öffnete die englische Architektur für den Klassizismus.

In Covent Garden Market wird es garantiert nicht langweilig – ob beim Bummel durch die Läden oder bei den Performances von Straßenartisten.

Alte Markthallen in neuem Glanz

Bis Mitte des 17. Jh. lebten in Covent Garden vor allem wohlhabende Bürger. Dann zog der Obst- und Gemüsemarkt ein. Er wurde mit der Zeit immer größer und vertrieb schließlich die feinen Bewohner. Kneipen, Cafés, Theater und Freudenhäuser lockten ein Publikum der anderen Art an. Rund um die alten Hallen nahm das Verkehrschaos über die Jahrzehnte derartig zu, dass der Markt 1974 an den Stadtrand verlegt werden musste.

Damals wäre das Viertel um ein Haar dem Erdboden gleichgemacht worden. Die eleganten Gebäude von 1830 sollten Geschäftshäusern weichen – doch am Ende siegten eine Bürgerinitiative und die Vernunft. Heute tobt das Leben im überdachten **Covent Garden Market** 1 mit seinen vielen kleinen Geschäften. Ob Mode, Delikatessen, Tee, Antiquitäten oder Kunstgewerbe – hier finden Sie einfach alles, auch ungewöhnliche Mitbringsel.

Für den Stadtbesuch hat sich Shaun das Schaf in Schale geworfen.

Königliche Unterhaltung

Covent Garden ist aber auch seit vielen Jahren fester Bestandteil der Londoner Entertainment-Landschaft und beliebter Treffpunkt für Jung und Alt rund um die Uhr. Und obwohl das Viertel hoffnungslos überlaufen ist, hat es doch einen ganz eigenen Charme. Dafür sorgen vor allem die wunderschönen Markthallen, die alten Gebäude rund um die Piazza, die eindrucksvollen Fassaden der vielen Theater, die Restaurants, Cafés und Pubs. Dazwischen aber auch ein paar Oasen wie z. B. der stille Kirchgarten der **St Paul's Church** 2.

Das **Royal Opera House** 1 – 1732 eröffnet – ist seit 1847 Londons größtes Opernhaus und weltweit eines der berühmtesten. In Covent Garden aufzutreten ist der Traum aller internationalen Opernstars und Balletttänzer. Karten für die Vorstellungen zu ergattern ist nicht ganz einfach, die Plätze sind begehrt; dafür sind die Kleidervorschriften aber ungezwungen. Sie können ruhig auch in Jeans hingehen!

Im Kittchen ist noch ein Zimmer frei

Jedem Londoner ist das seit 2006 geschlossene Gerichtsgebäude gegenüber dem Opernhaus ein Begriff. Hier befand sich mal der **Bow Street Magistrates' Court** 3 mitsamt Gefängniszellen. 1740 tagte hier zum ersten Mal ein Amtsgericht.

S STARS

Stars schauen? Mit dem gebührenden Abstand, versteht sich. In der bescheidenen **St Paul's Church** 2 gibt sich die Elite des britischen Theaters und Films öfters ein Stelldichein. Schließlich fungiert St Paul's bereits seit 1662 als das Gotteshaus der Schauspielerzunft. Hier finden Gedächtnisgottesdienste für alle großen Mimen statt. Termine finden Sie auf der Website der ›Actors Church‹, die auch schon als Kulisse für die Eröffnungsszene des Musicals »My Fair Lady« diente.

Das jetzige Gebäude stammt von 1881. Zu den berühmtesten Angeklagten gehörten u. a. Giacomo Casanova, die Suffragetten Emmeline und Christabel Pankhurst, Oscar Wilde und der chilenische Diktator General Pinochet. Demnächst soll ein Boutique-Hotel von der früheren Berühmtheit des Ortes profitieren.

Ausgefallen shoppen

Im **Pollock's Toyshop** 1 in der Markthalle werden noch heute viktorianische Papiertheater und -figuren verkauft. Ursprünglich kostete ein schwarz-weißes Theater einen Penny, in Farbe

INFOS/ÖFFNUNGSZEITEN

St Paul's Church 2: Eingang an der Bedford St., www.actorschurch.org, Mo–Fr 8.30–17, Sa auf Anfrage, So 9–13 Uhr
Covent Garden Market 1: 130 King Street, www.coventmarket.com, Mo–Sa 10–19, So 11–16 Uhr
Pollock's Toyshop 1: 44 The Market, Covent Garden, www.pollocks-coventgarden.co.uk, Mo–Mi 10.30–18, Do–Sa 10.30–18.30, So 11–18 Uhr
Penhaligon's 2: 41 Wellington Street, www.penhaligons.com, Mo–Sa 10–19, So 12–18 Uhr
Stanfords London 3: 12–14 Long Acre, www.stanfords.co.uk, Mo–Sa 9–20, So 11.30–18 Uhr
Royal Opera House 1: Bow Street, T 020 73 04 40 00, www.roh.org.uk, Führungen Mo–Sa 10.30, 12.30, 14.30 Uhr, £10,50/9,50

Cityplan: F 3 | Station: Covent Garden

KULINARISCHES FÜR ZWISCHENDURCH

1798 wurde Londons ältestes Restaurant eröffnet. **Rules** 1 (35 Maiden Lane, T 020 78 36 53 14, www.rules.co.uk, Mo–Sa 12–23.45, So 12–22.45 Uhr, HG ab £35) verkörpert britische Eleganz, ohne verstaubt zu wirken. Das gilt auch für das Publikum. Schon immer kamen hier vor allem *carnivores* auf ihre Kosten. Auch heute noch läuft Fleischessern allein beim Lesen der Speisekarte das Wasser im Mund zusammen: schottisches Wild vom eigenen Estate, Rind von einer kleinen Farm in Schottland oder auch seltene Lammsorten aus Lincolnshire. Traditionelle britische *cuisine* mit den besten Zutaten! Ambiente und Qualität rechtfertigen das hohe Preisniveau.
Wesentlich günstiger speisen Sie im **Wahaca** 2 (66 Chandos Place, T 020 72 40 18 83, www.wahaca.co.uk, Mo–Sa 12–23, So 12–22.30 Uhr, £10). Londoner lieben die lockere Atmosphäre in dieser mexikanischen Restaurantkette mit 18 Filialen im Stadtgebiet.

Im Royal Opera House steht die Crème de la Crème auf der Bühne, so etwa das Bolschoi-Ballett mit Schwanensee.

zwei Pennys. Diese Ausschneidebögen gab es früher auch mal in Deutschland. Jetzt eignen sie sich hervorragend als Mitbringsel, sind flach, passen leicht in den Koffer und haben etwas charmant Nostalgisches an sich.

Bei **Penhaligon's** 2 nahe der Markthalle finden Sie Seifen, Düfte und Badeessenzen, von denen Sie wahrscheinlich noch nie gehört haben. Wie wär's mit einem Eau de Toilette names ›Orange Blossom‹ oder der Body Cream ›Vanity‹? Lassen Sie sich Zeit! In diesem kleinen, aber sehr feinen Shop hat bisher noch jede Kundin ihr bzw. jeder Kunde sein Glück gefunden.

Sie wollen nicht nur London erkunden, sondern auch andere Städte, andere Länder? Dann ist **Stanfords London** 3 die Anlaufstelle für Sie. Hier gibt es das weltweit größte Angebot an Landkarten, Stadtplänen und Reisebüchern. Fragen Sie doch mal nach der ›*scratch map*‹. Das ist eine Weltkarte im Posterformat, auf der Sie die Länder freirubbeln können, die Sie schon besucht haben. Man hängt sie in der Küche auf oder im Gästeklo. Macht mächtig Eindruck!

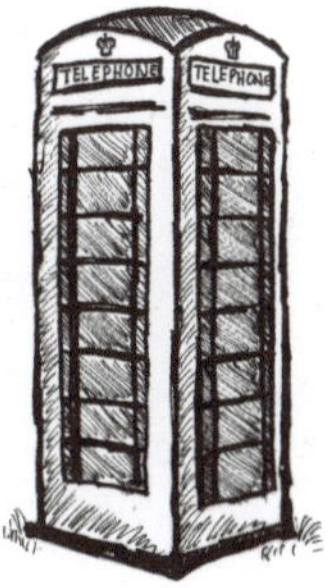

UM DIE ECKE

Alles nur Erdenkliche über den internationalen Film präsentiert das **London Film Museum** 4 (45 Wellington Street, WC2E 7BN, T 020 78 36 49 13, www.londonfilmmuseum.com, Mo–Mi, Fr 10–17, Do 11–17, Sa 10–18, So 11–18 Uhr, £14,50, 6–15 Jahre £9,50, bis 5 Jahre frei). Sie begegnen den Helden aus »Superman« und »Batman«, der »Star-Wars«-Besetzung oder dem Gangsterteam aus »The Italian Job« (Jagd auf Millionen) sowie beinahe allen James Bond Autos. Auch der große Charlie Chaplin wird hier gewürdigt.

5

Ein ganz eigener Kosmos – **Soho und Londons Chinatown**

Kein Londoner Stadtteil kann eine solch bunte Mischung von Menschen auf so kleinem Raum vorweisen: Geschäftsleute und Büroangestellte, Filmemacher und Kaufleute, Striptease-Tänzerinnen und Marktfrauen, Strichjungen und Prostituierte, Theaterbesucher und Raver existieren hier friedlich nebeneinander.

Im 17. Jh. baute sich der Adel in Soho feine Residenzen, doch schon bald zog man ins benachbarte Mayfair um und mit Soho ging es schnell bergab. Das Viertel wurde zum Auffangbecken für Flüchtlinge: Es kamen Hugenotten aus Frankreich, Juden aus Russland und Polen, Italiener, Iren, Griechen. Sie alle ließen sich in Soho nieder, darunter auch zahlreiche Dichter und Denker, Künstler und Musiker: Etwa Richard Wagner, der

Soho ist exzentrisch, bietet aber auch ganz normales Einkaufsvergnügen.

sich hier seinen deutschen Gläubigern entziehen wollte, oder Karl Marx und Arthur Rimbaud.

Oase im rastlosen Treiben

Am besten beginnen Sie die Erkundung des Viertels am ruhigen **Soho Square.** Hier sitzen die Angestellten der Bürohäuser und Geschäfte auf dem Rasen – mit Sandwich und Kaffeebecher. Zwei Kirchen schmücken den Platz. Die **French Protestant Church of London** 1 wurde gegen Ende des 19. Jh. erbaut und ist die einzige erhaltene von einst 23 Hugenottenkirchen in London. Schräg gegenüber steht die **St Patrick's Church** 2, die 1792 als erste katholische Kirche des Landes nach der englischen Reformation geweiht wurde.

Ü
ÜBRIGENS

»Soho!« So schallte früher der Ruf der Jäger in der Gegend zwischen Charing Cross und Regent Street, die als königliches Jagdrevier ihren Anfang nahm, bevor sie sich zu einem Londoner Stadtteil entwickelte.

Das pralle Leben

Auf der **Old Compton Street** schlägt das Herz Sohos. Hier steht die Zeit nicht still, hier wird in vollen Zügen gelebt, hier gehen harte Arbeit und ausschweifendes Vergnügen nahtlos ineinander über. Dazu tragen die vielen Schwulenetablissements, Kneipen und Sexshops ebenso bei wie Reisebüros, Anwaltskanzleien und Immobilienmakler. Es existieren auch traditionelle Geschäfte wie der Whisky-Spezialist **Vintage House** 1 mit einer Auswahl von etwa 1300 verschiedenen Malts oder die **Algerian Coffee Stores** 2, die um die 80 Kaffeemischungen und 120 Teesorten im Angebot haben, sowie **Gerry's Wines and Spirits** 3 mit den ausgefallensten Spirituosen der Welt, darunter allein 180 Rumsorten.

In Soho verhungern Sie garantiert nicht! Gute Cafés und Restaurants mit freundlicher Bedienung finden Sie überall. Vor allem um die Mittagszeit geht es lebhaft zu. Geschäftsleute gehen in den **Gay Hussar** 1, eine Londoner Institution aus der Zeit, als das Wort *gay* noch ›lustig‹ bedeutete, oder sie treffen sich im eleganten **Quo Vadis** 2. Karl Marx lebte mit seiner Familie von 1851 bis 1856 unter den erbärmlichsten Bedingungen in diesem Gebäude. Touristen und Angestellte stärken sich unterdessen in Imbissstuben, z. B. im **Hummus Bros** 3. Manchen zieht es zu den etwas teureren Sandwich-Bars in der Lexington Street, etwa zu **Fernandez & Wells** 4. Versuchen Sie *grilled chorizo, roasted red peppers* oder *rocket in olive oil.* Alles ist garantiert frisch zube-

Die Punkfrisur erregt in Soho kein Aufsehen.

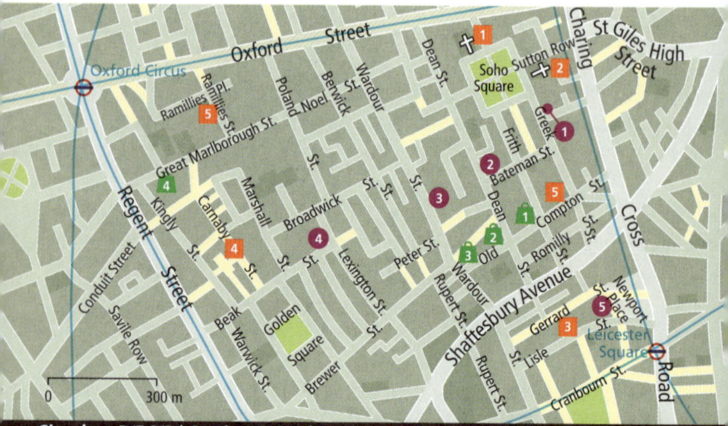

Cityplan: D/E 2/3 | **Station:** Tottenham Court Road, Leisester Square, Oxford Circus

INFOS/ÖFFNUNGSZEITEN

Gay Hussar 1: 2 Greek Street, T 020 74 37 09 73, www.gayhussar.co.uk, Mo–Sa 12–15, 17.30–23.30 Uhr, £25

Quo Vadis 2: 26–29 Dean Street, T 020 74 37 95 85, www.quovadissoho.co.uk, Mo–Sa 12–14.30, 17.30–22.30 Uhr, ab £35

Hummus Bros 3: 88 Wardour Street, T 020 77 34 13 11, www.hbros.co.uk, Mo–Fr 11–22, Sa 12–22, So 12–21 Uhr, £5,50

Fernandez & Wells 4: 43 Lexington Street, T 020 77 34 15 46, www.fernandezandwells.com, Mo–Fr 8–23, Sa 11–23 Uhr, ab £5

Canton 5: 11 Newport Place, T 020 74 37 62 20, So–Do 12–23.30, Fr, Sa 12–0.30 Uhr, £8

Vintage House 1: 42 Old Compton Street, www.vintagehouse.london, Mo–Fr 9–23, Sa 10–23, So 12–22 Uhr

Algerian Coffee Stores 2: 52 Old Compton Street, www.algcoffee.co.uk, Mo–Mi 9–19, Do–Fr 9–21, Sa 9–20 Uhr

Gerry's Wines and Spirits 3: 74 Old Compton Street, www.gerrys.uk.com, Mo–Do, Sa 9–19.30, Fr, Sa 9–21, So 12–18 Uhr

Liberty 4: Great Marlborough Street, www.liberty.co.uk, Mo–Sa 10–21, So 12–18 Uhr

reitet. Sie können sich auch eine bunte Mischung nach Ihrem Geschmack zusammenstellen lassen.

Willkommen im Reich der Mitte

Am südlichen Zipfel von Soho befindet sich **Tong Yahn Gai** 3, so nennen Chinesen in allen Metropolen der Welt ihre Viertel. Über 125 000 Chinesen leben in London. Die ersten ließen sich zunächst im Hafengebiet nieder, eröffneten ihre Geschäfte dann aber im Stadtkern, genauer gesagt rund um die **Gerrard Street.** Selbst die Straßenschilder sind chinesisch. Selbstverständlich beginnt hier das neue Jahr im Februar mit dem traditionellen Umzug der Drachen.

Leben sie auch heute über ganz London verteilt, so kommen viele Chinesen am Wochenende nach Tong Yahn Gai, um zu essen, ihre Apotheken, Supermärkte und Buchhandlungen zu besuchen oder in den Spielhöllen ihr Glück zu versuchen. Dort haben aber nur Chinesen Zutritt. Die chinesischen Cafés hingegen stehen allen offen. Sie sind meistens proppenvoll, denn die Gerichte sind preiswert, frisch zubereitet und großzügig bemessen, wie beispielsweise im **Canton** 5. Lassen Sie sich nicht vom sehr schlichten Dekor abhalten. Einer der beliebtesten Imbisse ist gegrilltes Schweine- und Entenfleisch (gemischt) auf Reis.

Die Heimat des Minirocks

Einen Abstecher lohnt heute wieder die legendäre **Carnaby Street** 4, in den 1960er- und 1970er-Jahren das Synonym für *Swinging London*. Sie stand für das neue, freche Gesicht der Stadt, wo die *dedicated followers of fashion* individuelle Mode passend zu ihrem Lebensgefühl kreierten. Nachdem die Euphorie abgeklungen war, verkam die Straße zu einer schäbigen Touristenfalle, bis sie 2010 anlässlich ihres 50. Jubiläums zu neuem Glanz erwachte.

Das im Faux-Tudor-Stil erbaute Nobelkaufhaus **Liberty** 4, eine der Londoner Shopping-Institutionen, ist berühmt für seine bedruckten Stoffe und Schals. Allein die grandiose Fassade müssen Sie anschauen, aber auch im Innern erinnert das Liberty an eine Filmkulisse. Jahrzehntelang galt es als Mekka von Britinnen mit konservativem Geschmack. Um im Wettbewerb mithalten zu können, ist das Kaufhaus moderner geworden. Designer von Weltrang haben Einzug gehalten. Ausgefallene Stoffe und Muster gibt es nach wie vor – bloß sehen sie jetzt pfiffiger aus.

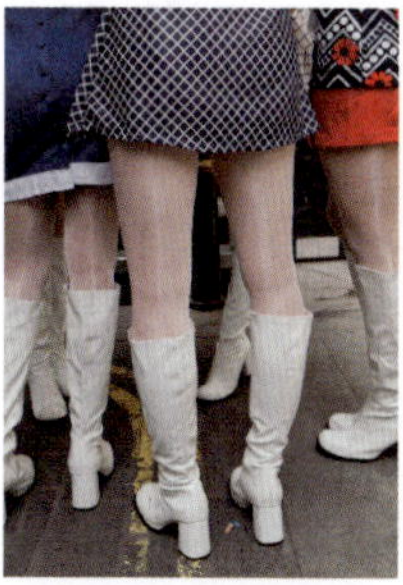

Die Swinging Sixties lassen grüßen. Von der Carnaby Street aus startete der Minirock seinen Siegeszug um die Welt.

UM DIE ECKE

Die 1971 gegründete **Photographers' Gallery** 5 (16–18 Ramillies Street, W1 7LW, https://thephotographersgallery.org.uk, Mo–Sa 10–18, Do 10–20 (bei Ausstellungen), So 11–18 Uhr) war die erste unabhängige Galerie in Großbritannien, die sich ausschließlich der Fotografie widmete. Hier sehen Sie auch die Preisträger des mit 30 000 Euro dotierten Deutsche Börse Photography Prize. Ein Muss für Foto-Freunde!

6

Die Schatzkammer des Empire – **das British Museum**

Wovon zehren die Briten noch heute? Natürlich: von der Erinnerung an die glorreichen Zeiten des Empire. Es gibt kaum einen besseren Ort als das British Museum, um sich das vor Augen zu führen. In 94 Räumen ist zu bestaunen, was britische Archäologen, Eroberer und Entdecker so alles nach Hause geschleppt haben.

Nicht ohne Grund zählt das **British Museum** 1 zu den Top Ten Touristenattraktion Londons. Sie sollten bereits vorher überlegen, was Sie anschauen möchten. Die Auswahl ist einfach zu groß. Sollen es ägyptische Mumien sein? Mosaike der Azteken? Oder vielleicht doch lieber chinesische Vasen? Wenn Sie sich entschieden haben, lassen Sie

Wow, wie gigantisch! Statuen des ägyptischen Pharaos Ptolemaios II

sich nicht zu Abstechern verführen. Sonst wird der Museumsbesuch zum reinen Stress. Das machen die erschöpften Mienen vieler Besucher am Ausgang klar. Wer kopflos durch die unzähligen Säle des Museums hetzt, kann sich oft am Ende an kein einziges Detail mehr erinnern.

In Stein gemeißelt

In **Saal 4** können Sie ein in Stein gemeißeltes Wörterbuch bewundern. Der **Rosetta Stone** ist eines der wichtigsten Ausstellungsstücke des Museums und maßgeblich für die Entwicklung der modernen Ägyptologie verantwortlich. Das allerdings konnte niemand ahnen, als die unscheinbare Basaltplatte 1799 im Niltal gefunden wurde.

Ihre Bedeutung wurde erst klar, als man herausfand, dass in den Stein vor rund 2200 Jahren im ägyptischen Memphis eine Dankadresse der Priester an einen der ptolemäischen Könige eingemeißelt worden war, und zwar gleich in drei Sprachen: Altgriechisch, Demotisch und in Hieroglyphen. Dies ermöglichte Archäologen zum ersten Mal, nicht nur die ägyptischen Hieroglyphen zu entziffern, sondern auch zu beweisen, dass es sich um eine Lautschrift handelt.

Als der Leiter des obersten Ägyptischen Rates für Altertümer zuletzt Ende 2009 in London um Rückgabe des Steins bat, erntete er ein weiteres unerbittliches ›No!‹. Da sind die Briten eisern.

Steine des Anstoßes

Viel Zeit und ungeteilte Aufmerksamkeit verdient **Saal 18.** Vorzugsweise bildet er das große Finale eines Rundgangs, damit seine Exponate ihre Wirkung voll entfalten können.

Der eindrucksvolle Raum bildet den angemessenen Rahmen für die berühmtesten Steine des British Museum, die sogenannten **Elgin Marbles.** Hier handelt es sich schlichtweg um Raubgegenstände. Die Fragmente – Statuen und Reliefs eines Frieses aus dem 5. Jh. v. Chr. – stammen vom Parthenon der Athener Akropolis. Sie wurden zwischen 1801 und 1804 auf Anordnung des britischen Diplomaten Lord Elgin von der Akropolis entfernt, nach England gebracht und an den Staat verkauft.

Seit vielen Jahrzehnten fordern die Griechen ihr Eigentum zurück, aber London macht auch

N
NOCH WAS

Der Standort des British Museum könnte nicht passender gewählt sein: **Bloomsbury** ist das Viertel des Lernens und Denkens. Praktisch jede Straße kann eine berühmte Universität oder ein Top-College vorweisen.

Doch, es gibt sogar urbritische Exponate im Museum wie diesen bronzenen Helm, der vermutlich König Raedwald gehörte und in Sutton Hoo (Suffolk) in einem angelsächsischen Bootsgrab aus dem 7. Jh. gefunden wurde.

da nicht mit. Das Argument der Briten? Die antiken Stücke gäbe es längst nicht mehr, wenn Elgin sie nicht ›gerettet‹ und nach England gebracht hätte. 2016 erwägte die griechische Kultusministerin eine Klage vor internationalen Gerichten, schlug dann aber vor, im Gegenzug in regelmäßigen Abständen andere Kunstwerke an London auszuleihen. Im neuen Akropolismuseum in Athen steht ein ganzer Saal bereit, sollten die Elgin Marbles eines Tages nach Hause zurückkehren. Derzeit haben die Griechen allerdings andere Sorgen.

INFOS/ÖFFNUNGSZEITEN

British Museum 1: Great Russell Street, T 020 73 23 80 00, www.britishmuseum.org, Sa–Do 10–17.30, Fr 10–20.30 Uhr, Eintritt frei, Sonderausstellungen ab £10
Great Court: Im Museum, tgl. 9–18, Fr 9–20.30 Uhr

KULINARISCHES FÜR ZWISCHENDURCH

Kultur macht hungrig. Gleich an der nächsten Ecke finden Sie das sehr empfehlenswerte türkische Restaurant **Tas** 1 (22 Bloomsbury Street, T 020 76 37 45 55, www.tasrestaurants.co.uk, tgl. 12–23.30 Uhr, ca. £13) mit einer reichhaltigen Auswahl an Fleisch-, Fisch- und vegetarischen Gerichten.
Ein paar Minuten vom British Museum entfernt verbindet die verkehrsfreie Sicilian Avenue die Southampton Row mit dem Bloomsbury Way. Hier befindet sich das **Spaghetti House** 2 (20 Sicilian Avenue, WC1A 2QD, T 020 74 05 52 15, Mo–Sa 11.30–23, So 11.30–21.30 Uhr. Im Sommer kann man draußen sitzen und frischen Hummer genießen. Pasta ab £11,50.

FUNDSTÜCKE

Der **Gift Shop** des British Museum 1 bietet neben T-Shirts, Bechern oder Büchern passend zu einer Ausstellung auch Kopien von keltischem, indischem oder ägyptischem Schmuck. Die Auswahl ist riesig. Schachspieler werden die eindrucksvollen ›Lewis-Spielfiguren‹ lieben. Die echten sind aus Walross-Elfenbein, stammen aus der zweiten Hälfte des 12. Jh. und wurden1831 auf der schottischen Isle of Lewis gefunden. Je nach Größe müssen Sie £199 oder £575 hinblättern. Im Vergleich zum bronzenen Kopf des Apollo (£2500) – das Original entstand 470–460 v. Ch. – ist eine Buddha-Figur richtig preiswert (£175).

Cityplan: F 1/2 | **Station:** Tottenham Court Road, Holborn, Russel Square

Schwarze Magie

1897 schickte die britische Regierung eine Strafexpedition nach Benin im heutigen Nigeria. Unter anderem raubten die Soldaten über 2000 Kunstgegenstände. Darunter befanden sich Hunderte von Bronzegussplatten und Skulpturen aus dem 16. bis 18. Jh., die von solch künstlerischer Reife zeugten, dass die Europäer zunächst bezweifelten, schwarze Afrikaner hätten diese Kunstwerke erschaffen können. Die Leitung des British Museum ist sehr stolz auf ihre wertvolle Sammlung in **Saal 25.** Aber Ende 2018 schloss man sich doch einer Gruppe europäischer Museen an, die in Nigeria ein Museum für die Benin-Bronzen bauen werden. 2021 soll es eröffnet werden.

Grandiose Räume

Eines der unumstrittensten Glanzlichter des Museums ist der **Great Court.** Stararchitekt Sir Norman Foster konzipierte diesen Lichthof als Bindeglied zwischen den historischen Gebäudeflügeln. Vor allem die riesige Glaskuppel verschlägt den Besuchern den Atem. Im Zentrum dieses Meisterstücks der modernen Architektur steht der historische **Reading Room,** den schon Karl Marx und Lenin zu schätzen wussten. Hier herrscht den ganzen Tag über ein lebhaftes Kommen und Gehen. Als Marx hier sein »Kapital« verfasste, ging es sicher ein bisschen ruhiger zu. Aber dafür kann inzwischen jedermann den Reading Room anschauen. Früher musste man erst ein Ticket beantragen, jetzt steht er allen Besuchern offen. Über seine endgültige Nutzung ist dagegen noch nicht entschieden.

Mit dem Great Court im British Museum schuf Sir Norman Foster ein architektonisches Glanzstück.

UM DIE ECKE

Ein paar Straßen weiter wartet eines der unbekannteren Londoner Museen auf Ihren Besuch, das **Foundling Hospital** 2 (40 Brunswick Square, WC1N 1AZ, http://foundlingmuseum.org.uk, Di–Sa 11–17, So 11–17 Uhr). Ursprünglich als Waisenhaus im Jahr 1739 gegründet, entwickelte sich das Heim rasch zur ersten öffentlichen Kunstgalerie im Land. Vor allem die Gemälde britischer Maler wie Hogarth, Reynolds oder Gainsborough sind zu sehen. Georg Friedrich Händel vermachte der Foundling-Stiftung nicht nur eine Orgel, sondern auch das Recht, einmal im Jahr seinen »Messias« aufzuführen.

7

Kirche und Finanzen – **St Paul's Cathedral und City of London**

Die eindrucksvolle St Paul's Cathedral mit ihrer grandiosen Kuppel zählt zu den größten Kathedralen der Welt. Von diesem historischen Symbol des Glaubens zu den hypermodernen Symbolen der Finanzmacht in der Londoner City sind es nur wenige Schritte.

Der Große Brand von London, dem 1666 rund 80 Prozent der Gebäude in der City zum Opfer fielen, zerstörte auch die **St Paul's Cathedral** 1. Acht Jahre später begann der Architekt Christopher Wren mit dem Bau des neuen Gotteshauses, das nach dem Petersdom die zweitgrößte Kirche Europas werden sollte. Bis heute ist die Kathedrale Schauplatz bedeutender Feierlichkeiten,

Geblendet vom Sonnenlicht und so manches Mal auch von den Transaktionen der Banker – die City of London

vom Trauergottesdienst für Winston Churchill im Januar 1965 bis zur Hochzeit von Prinz Charles und Lady Diana Spencer im Juli 1981.

Geniale Bescheidenheit

An den genialen Baumeister Wren erinnert eine schlichte Grabplatte mit der Inschrift: »*Lector, si monumentum requiris, circumspice!*« (Leser, solltest Du ein Denkmal suchen, sieh Dich um). Sie können in der Kathedrale zahlreiche weitere **Gedenksteine und Grabmale** für verdiente Staatsmänner und Militärs entdecken. In der Krypta ist zum Beispiel neben Wren auch Admiral Nelson beigesetzt.

Ein ringförmiger Umgang in der mächtigen **Kuppel,** die sogenannte Whispering Gallery, erlaubt aus 30 m Höhe einen fantastischen Blick ins Innere der Kathedrale. Von hier sollten Sie – etwas Kondition vorausgesetzt – unbedingt weiter zur Laterne aufsteigen, die oben auf der Kuppel thront. Von der **Stone** und **Golden Gallery** in 52 m bzw. 85 m Höhe schauen Sie über ganz London.

An Sir Christopher Wren erinnert auch der **Temple Bar** 2 auf dem Paternoster Square bei der Kathedrale. Der Baumeister hatte den Torbogen ursprünglich am Beginn der Fleet Street als zeremoniellen Eingang zur City geplant. Dort erwies er sich jedoch bald als Verkehrshindernis, wurde 1878 abgetragen und landete in der Grafschaft Hertfordshire. Den Londonern fehlte der Bogen so sehr, dass sie die Steine Anfang des Jahrtausends zurückholten und in der City an neuer Stelle zusammenfügten.

Im Reich des Mammons

Vor dem Portal der Kathedrale breitet sich auf dem Gebiet des römischen Londinium die **City of London** aus. Nicht ohne Grund heißt dieser autonome Stadtteil heute noch *Square Mile* (Quadratmeile). Dass die City als eines der bedeutendsten Finanzzentren der Welt Rang und Namen hat, braucht Ihnen sicher niemand zu erzählen. Aber vielleicht wissen Sie noch nicht, dass im sehenswerten **Mansion House** 3, wenige Gehminuten von St Paul's entfernt, der Lord Mayor der City of London residiert. Der Lord-Bürgermeister ist das Symbol für die Unabhängigkeit der City von der Groß-Londoner Stadtverwaltung. Deren Ober-

Das Portal von St Paul's lässt an Ken Folletts Roman »Säulen der Erde« denken, allerdings spielt dieser in einer früheren Epoche.

P
PSSST!

Es ist einfach zu laut in St Paul's! Daher verdient die **Whispering Gallery** ihren Namen nicht mehr. Zu Wrens Zeiten konnte man hier oben jedes Wort verstehen, das im Kirchenschiff ›geflüstert‹ wurde. Wegen der vielen Besucher heutzutage werden Sie diesem Phänomen jedoch nicht mehr auf den Grund gehen können.

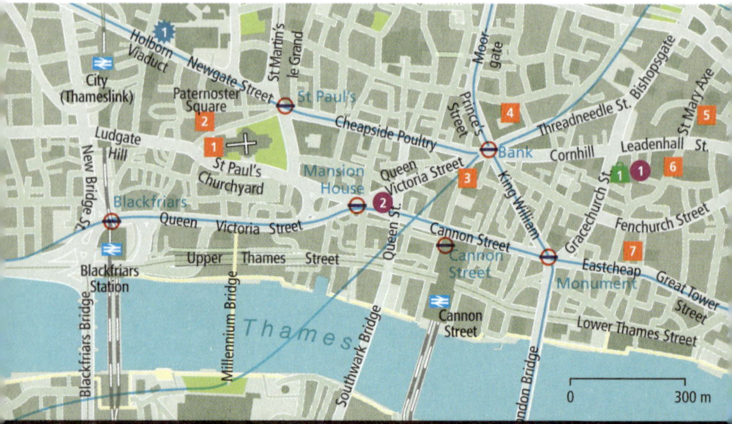

Cityplan: J–L 2/3 | **Station:** St Paul's, Mansion House, Banks

INFOS/ÖFFNUNGSZEITEN

St Paul's Cathedral 1: T 020 72 46 83 46, www.stpauls.co.uk, Mo–Sa 8.30–16.30 Uhr, Führungen: 10.45, 11.15, 13.30,14 Uhr, £18, erm. £16
Mansion House 2: Walbrook, T 020 73 97 93 16, www.cityoflon don.goev.uk. Der Besuch ist nur nach Anmeldung und in geführten Gruppen möglich. Bei offiziellen Veranstaltungen gibt es keine Führung.
20 Fenchurch Street – Sky Garden 7: https://skygarden.london; Aussichtsterrasse: Mo–Fr 10–18, Sa, So 11–21 Uhr, Eintritt frei; zwei Restaurants und zwei Bars: tgl. 7–1 Uhr, HG ab £15
Leadenhall Market 1: Gracechurch Street, Geschäfte Mo–Fr 10–18 Uhr, Marktstände Mo–Fr 11–16 Uhr, Restaurants und Pub Mo–Fr 7–22.30 Uhr
Lamb Tavern 1: 10–12 Leadenhall Market, T 020 76 26 24 54, www.thelambtavern.co.uk, Mo–Fr 11–23, Küche 12–21 Uhr, HG ca. £15

KULINARISCHES FÜR ZWISCHENDURCH

Londoner Banker können Sie mittags im **Sweetings** 2 (39 Queen Victoria Street, www.sweetingsrestaurant.co.uk, Mo–Fr 11.30–15, HG ab £16) treffen, einer echten Institution der City of London, die immer überfüllt ist. Seit 1889 befindet sich das Lokal im selben Haus und so sieht die Fassade aus. Auf den Tisch kommen traditionelle Fischgerichte ohne viel Firlefanz. Richard Barfoot ist der fünfte Besitzer und selbst Fischhändler, er beliefert Sweetings mit der frischesten Ware. Wenn Sie typisch englische Desserts mögen, sind Sie hier aber auch richtig. Tischreservierungen sind nicht möglich. Machen Sie sich auf längere Wartezeiten gefasst. Stammkunden kennen das und kommen trotzdem immer wieder.

bürgermeister mag zwar der Herrscher über die Riesenmetropole London sein, sein Titel aber lautet nur ganz schlicht ›Mayor of London‹.

Schräg gegenüber vom Mansion House liegt die **Bank of England** 4. Zwar leidet die City auch heute noch unter den Folgen der weltweiten Finanzkrise, aber die Banker und Broker vor Ort lassen sich das nicht anmerken. Der Volksentscheid von 2016, die EU zu verlassen, hat den Angestellten der City einen wesentlich größeren Schock bereitet.

Den traditionellen *bowler hat* haben die Banker abgelegt. Die Zeiten des englischen Gentleman mit Schirm, Charme und Melone sind wohl vorbei. Von der neuen Zeit künden ästhetisch mehr oder weniger gelungene Hochhäuser: Da steht Sir Norman Fosters Hauptquartier der **Swiss RE** 5 (30 St Mary Axe), im Volksmund *The Gherkin* (Die Gurke) genannt, oder die von Stararchitekt Richard Rogers entworfene Zentrale des Versicherungsunternehmens **Lloyd's** 6. Es kommen ständig neue Glas- und Betonpaläste hinzu, manche haben einen Spitznamen.

Im Schatten der futuristischen Gebäude verstecken sich zahlreiche historische Pubs und überdachte Märkte, wie der **Leadenhall Market** 1. Bereits zu Zeiten der Römer wurde hier Handel getrieben. An den Marktständen können Sie Delikatessen kaufen, aber auch Schmuck. Ansonsten befinden sich zwischen den gusseisernen Säulen hauptsächlich Sandwich-Bars, Restaurants und Läden, in denen sich die hungrigen City-Angestellten eindecken. Eines der bekanntesten Londoner Pubs, das **Lamb Tavern** 1, hält hier seit 1881 die Stellung. Viel geschliffenes Glas, dicke Teppiche und auf Hochglanz poliertes Messing erinnern an die Blütezeit viktorianischer Pubkultur. Sie können die Atmosphäre bei einem Pint inhalieren.

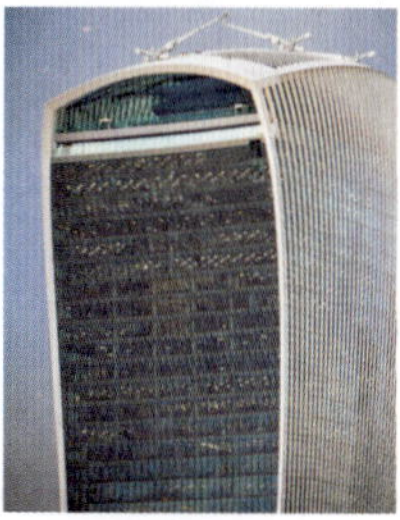

Das Hochhaus 20 Fenchurch Street 7*, im Volksmund nicht ganz unzutreffend ›The Walkie-Talkie‹ genannt, kann sich mit dem etwas zweifelhaften Ruhm schmücken, 2015 mit dem Carbuncle Cup als hässlichstes Gebäude des Jahres ausgezeichnet worden zu sein. Der Name des Preises geht auf eine Bemerkung von Prinz Charles zurück, der bekanntlich all jene Häuser als ›Furunkel‹ bezeichnet, die nicht in sein konservatives Architekturbild passen. Ob Ihnen das Gebäude gefällt oder nicht, der* **Sky Garden** *unter der gläsernen Dachkuppel begeistert auch größte Kritiker mit atemberaubenden Aussichten.*

UM DIE ECKE

Gruseln ist kostenlos in der **Viaduct Tavern** 1 (Ecke Newgate Street/Giltspur Street, T 020 76 00 18 63, www.viaducttavern.co.uk, Mo–Fr 8.30–23 Uhr). Das große Pub zeigt den Geschmack der Viktorianer. Allein die Decke ist sehenswert, aber auch die großen Wandgemälde machen etwas her, von den geschliffenen Spiegeln mal ganz abgesehen. Im Pub soll es spuken. Ein Geist heißt Fred. Er lebt im Keller und schleicht hin und wieder heimlich nach oben zur Bar. Ein zweiter Geist gehört einer Prostituierten, die hier ermordet wurde und großen Gefallen daran finden soll, die Lichter auf dem Klo auszuschalten. Falls Ihnen das passiert, sagen Sie mir Bescheid!

8

Vom Armenhaus zum Szeneviertel – **Whitechapel**

Wie sehr sich das Gesicht Londons immer wieder verändert, zeigt sich nirgendwo besser als im East End. Spitalfields, Stepney, Mile End, Lime House, Whitechapel – das waren Stadtteile, in denen sich traditionell immer die ärmsten Bürger der Stadt niederließen. Demnächst aber dürfte die Gegend fest in der Hand gut situierter Hipster sein.

Petticoat Lane Market – laut, voll und eng, aber ein Erlebnis, das Sie nicht versäumen sollten. Unterröcke gibt es sicherlich auch noch an einem der vielen Stände.

Whitechapel war immer schon das Viertel der Einwanderer und Flüchtlinge, zunächst der aus Kontinentaleuropa. Die Kelten kamen als Erste, später die Friesen, Angeln und Sachsen. Die ersten Juden erschienen mit den Römern, wurden aber 1290 des Landes verwiesen und erst ab 1656 wieder ge-

duldet. 30 Jahre später suchten hier die Hugenotten eine neue Heimat. Die ersten Afrikaner ließen sich im 17. Jh. nieder, Chinesen im 18. Jh. Die große Hungersnot in Irland löste in den 1840er-Jahren eine neue Einwanderungswelle aus. Ab 1881 kamen Tausende von Juden aus Polen und Russland, Schwarze aus der Karibik lockten Jobangebote in den 1950er-Jahren nach England. Die meisten verließen das Viertel irgendwann wieder und zogen in andere Stadtteile. Es folgten Einwanderer aus Asien, aus Pakistan, Bangladesch und Indien. Sie wohnen heute noch hier.

Big fish is watching you! – Straßenkunst in Whitechapel

Little Germany

Vor dem Ersten Weltkrieg lebten in der Gegend um **Aldgate** etwa 30 000 Deutsche. Das erklärt, warum sich die älteste deutsche Lutherische Kirche Englands, **St George's** 1 (1762), in der Alie Street befindet und die katholische **St-Boniface-Kirche** 2 (1907) in der Adler Street. In ihr werden bis heute zweisprachige Gottesdienste abgehalten. Es gab deutsche Schulen, deutsche Gasthäuser, deutsche Geschäfte. Erst der *Great War* setzte der friedlichen Koexistenz ein jähes Ende.

Kunst im Elend

Dass ausgerechnet hier, wo die Menschen häufig nicht einmal genug Geld verdienten, um ihre Kinder anständig zu ernähren, ein Zentrum moderner Kunst entstand, ist schwer zu verstehen. 1901 wagte man das Experiment, mitten im finstersten East End eine Kunstgalerie zu bauen, um »die Bewohner von Ostlondon an die internationale, moderne Kunst heranzuführen«. Die Gründung der **Whitechapel Gallery** 3 zeugt von großer Weitsicht. Das Programm war bahnbrechend, der Erfolg riesig. Hier wurden zum ersten Mal in England Pablo Picasso, Frida Kahlo, Jackson Pollock und Mark Rothko einem breiten Publikum vorgestellt. Hier feierte man später aber auch die großen zeitgenössischen englischen Künstler wie Gilbert & George oder Lucian Freud. Inzwischen genießt die Galerie Weltruf. Und ihr Konzept geht bis heute auf. Sie werden sich wundern, wie viele Menschen aus der Nachbarschaft unter den Besuchern sind. Sie kommen immer wieder, wenn sie erst einmal gemerkt haben, welche Bereicherung Kunst für das Leben sein kann.

▶ ÖFFNUNGSZEITEN

Die **Brick Lane** ist etwas für Nachtschwärmer. Fast alle Restaurants haben von Sonntag bis Mittwoch von 12 bis 1 Uhr nachts geöffnet, donnerstags bis samstags sogar noch eine Stunde länger. Qualität und Service ändern sich in allen Restaurants aber immer wieder.

In der Curry-Hauptstadt Europas

Um die Ecke von der Gallery beginnt eine der populärsten Fressgassen Londons – die **Brick Lane,** die zunächst allerdings noch Osborne Street heißt. Früher kamen die Londoner hierher, um bei den jüdischen Bäckern frische Bagel zu kaufen, heute wollen sie vor allem Gerichte vom indischen Subkontinent genießen. Ob pakistanisch, indisch oder bengalisch – das spielt keine große Rolle. Das **City Spice** ❶ lockt auf seiner Fassade die Gäste mit dem Versprechen »Masters of Authentic Bangladeshi Cuisine«. Nichts für einen romantischen Abend, eher ein Restaurant, um Freunde zu treffen. Das **Cinnamon** ❷ ist eines der wenigen indischen Restaurants hier. Eine interessante Speisekarte lohnt den Besuch. Auch bei der **Muhib Indian Cuisine** ❸ ist die Speisekarte überlang und das Angebot verlockend. Lassen Sie sich beraten. **Sheba** ❹ gibt es schon seit 1974 und es erhielt 2013 die Auszeichnung »Best UK Curry House«.

INFOS/ÖFFNUNGSZEITEN

Whitechapel Gallery 3: 77–82 Whitechapel High Street, T 020 75 22 78 88, www.whitechapelgallery.org, Di/Mi, Fr–So 11–18, Do 11–21 Uhr, Eintritt frei

Dennis Severs' House 4: 18 Folgate Street, T 020 72 47 40 13, www.dennissevershouse.co.uk, So 12–16 Uhr £10, Mo 12–14 Uhr £10, Mo. Mi, Fr Silent Night 17–21 Uhr £15

City Spice ❶: 138 Brick Lane, T 020 72 47 10 12, http://city-spice.london

Cinnamon ❷: 134 Brick Lane, T 020 73 77 55 26, www.cinnamonbricklane.co.uk, So–Do 12–24, Fr/Sa 12–1 Uhr

Muhib Indian Cuisine ❸: 73 Brick Lane, T 020 72 47 71 22, www.muhibindiancuisine.com, Mo–Mi 12–24, Do 12–1, Fr/Sa 12–2, So 12–23 Uhr

Sheba ❹: 136 Brick Lane, T 020 7247 7824, www.shebabricklane.com

Boiler House Food Hall ❺: 152 Brick Lane, www.boilerhouse-foodhall.co.uk, Sa 11–18, So 10–17 Uhr

In allen Restaurants in der Brick Lane kosten die Hauptgerichte zwischen £5 und £15.

Cityplan: östl. M 1/2 | **Station:** Whitechapel, Shoreditch, Aldgate East

Tür in die Vergangenheit

Ein rotes Backsteinhaus, eine schwarz polierte Tür, über der eine Gaslaterne hängt –18 Folgate Street scheint eine ganz normale Adresse zu sein. Treten Sie ein und entdecken Sie das Geheimnis des **Dennis Severs' House** 4. Es ist still, nur das Knistern von Holzscheiten im offenen Kamin ist zu hören. Dann dringt aus dem Keller Stimmengewirr durch die Fußbodendielen nach oben, aus einem Zimmer im oberen Stockwerk das Gelächter einer Herrenrunde. Irgendwo klirren Gläser. Plötzlich fährt eine Kutsche am Haus vorbei, kurz danach ein Pferdekarren. Keine Sorge! Hier spukt es nicht, es ist alles bloß eine akustische Täuschung!

Das Haus der imaginären Hugenottenfamilie Jervis war eine Idee des Amerikaners Dennis Severs, der nach London übersiedelte und sich in die Zeit verliebte, in der die Könige von Hannover auf dem englischen Thron saßen. Severs trug alles aus dem georgianischen Zeitalter zusammen, was er finden konnte, richtete das Gebäude stilgerecht ein und vermittelt dem Besucher den Eindruck, die Bewohner hätten ihr Haus nur kurz verlassen.

In der Brick Lane befindet sich auch einer der attraktiven Londoner Essmärkte. Im Boiler House der Old Truman Brewery 5 können Sie samstags und sonntags eine kulinarische Weltreise unternehmen – von Italien über die Karibik bis Thailand.

UM DIE ECKE

Auf dem **Petticoat Lane Market** 1 (Middlesex Street, So 9–14 Uhr) wird seit über 200 Jahren jeden Sonntag Handel getrieben. Hugenotten hatten hier einst Unterröcke *(petticoats)* verkauft. Seit 1846 heißt die Straße allerdings offiziell Middlesex Street. Die prüden Viktorianer fanden es unschicklich, dass eine Straße nach Damenunterwäsche benannt war. Im Volksmund blieb der Name jedoch erhalten. Das Angebot umfasst vor allem Kleidung sowie Haushaltswaren und Trödel. 1000 Markthändler buhlen lautstark um Kundschaft. Obwohl immer unglaublich voll und eigentlich sehr schäbig, ist der Markt ein Erlebnis: *East meets West!* Es geht eng zu zwischen den Ständen, und es findet sich immer irgendetwas, das den Kauf lohnt: alte Schallplatten, seltene Bücher, abgelegte Mode, schrille Hüte, Nägel und Schrauben, Omas Handtaschen. Handeln ist erlaubt, wenn auch meist erfolglos. Gegen Marktende sinken die Preise rapide.

9

Grusel, Glanz und Glitzer – **der Tower of London**

An einem mangelt es London ganz gewiss nicht: an Wahrzeichen. Auch der Tower zählt dazu. Jeder kennt Fotos von dem großen, hellen Quader am Ufer der Themse gleich bei der City of London. Jeder hat irgendwann auch schon gehört, wer hier alles geschmachtet hat.

Längst hat der Tower seine Abschreckungsfunktion eingebüßt, im Winter dient die Festung als märchenhafte Kulisse für den Ice Rink.

Erbaut wurde der **Tower** von Wilhelm dem Eroberer, dem unehelichen Sohn einer normannischen Waschfrau. In Frankreich war er deshalb auch unter dem Namen ›Le Bâtard‹ bekannt, bekam aber in England bald den Ehrentitel ›The Conqueror‹. Als normannischer Herzog fuhr er im Oktober des Jahres 1066 gen England und schlug die Engländer bei Hastings in die Flucht, marschierte mit

10 000 Mann in Richtung London und ließ zunächst Southwark auf der südlichen Themseseite niederbrennen. Es dauerte nicht lange, bis ihm die Stadtväter von London den Thron anboten. Bereits am Weihnachtstag ließ sich der Normanne in der Westminster Abbey zum englischen König krönen.

Der Feind im Inneren

1067 wurde auf Geheiß des neuen Königs außerhalb der Stadtmauern mit dem Bau des Tower begonnen – vordergründig als Symbol der neuen Macht, gleichzeitig aber auch als Schutzburg vor den Einheimischen, die sich noch nicht so recht an den neuen Monarchen gewöhnen mochten. Bis zu den Tagen von König James I Anfang des 17. Jh. diente der Tower als **königliche Residenz.** Berühmt-berüchtigt wurde die Festung im Lauf ihrer Geschichte als **Gefängnis** und **Hinrichtungsstätte**. Der erste Häftling war 1101 der Bischof von Durham, der letzte im Zweiten Weltkrieg Hitlers Stellvertreter Rudolf Heß. Viele der Insassen kamen nicht lebend heraus, grausame Foltermethoden waren an der Tagesordnung und am nahe gelegenen Tower Hill fanden zur Unterhaltung des Volkes öffentliche Hinrichtungen statt.

Kronjuwelen am laufenden Band

Am frühen Morgen halten sich die Wartezeiten vor der Hauptattraktion des Tower, den **Kronjuwelen** von *Her Majesty the Queen,* noch in Grenzen. Um einigermaßen mit dem Ansturm später am Tag fertig zu werden, verfrachtet man die Besucher beim Betreten des **Tresorraums** 1 auf ein Fließband, das sie an den glitzernden Kronen, Tiaras und Zeptern vorbeitransportiert. Das geht schnell, verhindert Gedrängel und sorgt dafür, dass sich niemand so genau merken kann, wo die Kostbarkeiten liegen. Einem spektakulären Juwelenraub ist also vorgebeugt. Kaum auszumalen, der berühmteste Diamant der Welt, der Koh-i-Noor, würde entwendet, auch wenn er derzeit keinen Dienst tut. Der ›Berg des Lichts‹ ziert nämlich die Krone der königlichen Gattinnen.

Nichts für Feiglinge

Der Tower hat natürlich mehr zu bieten als Gold und Edelsteine. Im **Waffensaal** und in der **St John's Chapel,** der ältesten Kirche Londons, ist

Ü
ÜBRIGENS

Haben die Briten den **Koh-i-Noor** rechtmäßig erworben oder mit Gewalt entwendet? Darüber lässt sich in Juristenkreisen vortrefflich streiten. Erst im April 2016 hat der indische Generalstaatsanwalt die Forderungen auf **Rückgabe** abgelehnt. Was würden Sie sagen? Der frühere Besitzer, Duleep Singh, war 1849 zehn Jahre alt, als er nicht nur den 186-karätigen Brillanten, sondern auch sein ganzes Königreich den Briten überschrieb.

100 Jahre nach Ausbruch des Ersten Weltkriegs erinnerten die Künstler Paul Cummins und Tom Piper im Graben des Tower mit 888 246 Mohnblumen aus Keramik an jeden einzelnen der gefallenen britischen Soldaten.

INFOS/ÖFFNUNGSZEITEN

The Tower of London: EC3N 4AB, T 084 44 82 77 77, www.hrp.org.uk/tower-of-london, März–Okt. So, Mo 10–17.30, Di–Sa 9–17.30, Nov.–Feb. So, Mo 10–16.30, Di–Sa 9–16.30 Uhr, £26,80, erm. £20,90, 5–15 Jahre £12,70, Rabatt bei Online-Buchung

KULINARISCHES FÜR ZWISCHENDURCH

In der Nähe des Tower liegt eines der besten indischen Restaurants der Stadt, das **Café Spice Namaste** 1 (16 Prescot Street, T 020 74 88 92 42, www.cafespice.co.uk, Mo–Fr 12–15, 18.15–22.30, Sa 18.30–22.30 Uhr, HG um £17). Der Parsi Cyrus Todiwala bereitet Speisen zu, die sich stark von dem Angebot in den herkömmlichen indischen Lokalen unterscheiden. Ein Großteil der Rezepte stammt aus Goa, dazu kommen Spezialitäten aus der Heimatregion des Chefs, der Gegend um Mumbai. Eine große Bandbreite an Restaurants finden Sie am anderen Themse-Ufer in der Speicherstadt Shad Thames (► S. 55).

ACHTUNG GLATTEIS!

Von Mitte November bis Anfang Januar flitzen Eisläufer über den **Tower of London Ice Rink** 1 im Burggraben (tgl. 10–22 Uhr).

Cityplan: M 3 | **Station:** Tower Hill

O
ORAKEL

Naht das Ende der Monarchie und der Untergang von London? Das finden Sie am **Wakefield Tower** 6 heraus. Wenn Sie sechs Raben sehen, ist alles o.k. Aber wehe, die Schicksalsvögel fliegen auf und davon! Damit dies nicht passiert, werden sie regelmäßig mit Fleischstückchen verwöhnt. Die Anordnung geht auf Charles II zurück. Niemand weiß allerdings, was den Monarchen dazu bewegte. Ob die Raben nach dem Brexit wohl mehr Leckerbissen erhalten?

der normannische Einfluss gut zu erkennen. Ab Mitte des 13. Jh. diente der **White Tower** 2 als königlicher Palast, geschützt durch den inneren und äußeren Befestigungswall. Henry VIII ließ die königliche Residenz erweitern. Um 1540 entstanden die **Queen's Houses** 3 in Fachwerkbauweise.

In der Festungsmauer an der Themse steht das **Traitors' Gate** 4. Schließen Sie kurz die Augen und stellen Sie sich vor, wie prominente Verurteilte im Morgengrauen vom Fluss aus durch das Tor der Verräter in den Kerker gebracht wurden. Geoffrey Chaucer gehörte dazu oder der Bischof von Rochester, John Fisher und natürlich Thomas Morus, der dann auch im Tower hingerichtet wurde. Zwei Gattinnen von Henry VIII ereilte das gleiche Schicksal. Im **Bloody Tower** 5 darf man über einen der berühmtesten ungeklärten Morde der englischen Geschichte nachdenken. Angeblich ließ Richard III 1483 seine beiden Neffen während ihrer Gefangenschaft im Tower umbringen – oder legte sogar höchstpersönlich Hand an. Die Burschen waren gerade mal 13 und 10 Jahre alt.

Zwischen Tradition und Moderne – **South Bank**

\# 10

Bei schönem Wetter sollten Sie von der Tower Bridge zu einem ausgedehnten Spaziergang am Südufer der Themse aufbrechen. Zwischen neuen Architekturikonen öffnen sich faszinierende Perspektiven auf den meist träge dahinfließenden Fluss und das Panorama von City und Westminster. Um die Westminster Bridge zu erreichen, müssen Sie allerdings einer Reihe kulinarischer und kultureller Verlockungen widerstehen.

Bereits ein Gang über die berühmte **Tower Bridge** 1 versetzt in Hochstimmung. Vielleicht haben Sie Glück und die Brücke wird gerade für eine Schiffspassage angehoben. Das passiert etwa 1000-mal im Jahr. Am Südende der Brücke bietet die ehemalige Speicherstadt **Shad Thames** 2 ex-

Bodenlose Spannung und einen spektakulären Blick aus 42 m Höhe auf die Themse garantiert der Glasboden in den oberen Fußgängerbrücken der Tower Bridge. Spüren Sie schon das Kribbeln im Bauch?

T
THEMSE

Hätten Sie gedacht, dass sich der Tidenhub der Nordsee noch etwa 90 km landeinwärts auf der Themse bemerkbar macht? An der Tower Bridge beträgt der Unterschied zwischen Ebbe und Flut bis zu 8 m. Bis die Flut ihren Höchststand erreicht hat, dauert es gut fünf Stunden. Um wieder ins Meer abzufließen, mehr als sieben Stunden.

Straßenmusik gehört zum kostenlosen Unterhaltungsprogramm am Südufer der Themse.

klusives Wohnen am Strom. In den umgebauten Stapelhäusern sind auch einige Restaurants eingezogen, etwa das **Blueprint Café** 1, das einen super Blick auf die Tower Bridge besitzt. Wer seinen Afternoon Tea im Freien genießen möchte, kehrt nebenan in **Brown's Brasserie & Bar** 2 ein. Die Aussicht auf Fluss und Brücke ist sensationell und das auf keinen Fall nur bei schönem Wetter.

Superlativen der Baukunst

Die Promenade am Südufer der Themse führt nicht immer direkt am Fluss entlang, der Weg ist aber nicht zu verfehlen. Die Schilder zum Thames Path, Queen's Walk, Jubilee Walkway oder Bankside sind unübersehbar. Ob die gläserne **City Hall** der **Greater London Authority (GLA)** 3 direkt gegenüber dem Tower, nun gelungen ist oder nicht, darüber herrschen geteilte Meinungen. Interessanter aber ist die Tatsache, dass hier seit Mai 2016 Sadiq Khan als erster muslimischer Bürgermeister über Großlondon regiert. Seine Eltern sind Einwanderer aus Pakistan. Der Vater arbeitete als Busschaffner in London, die Mutter als Näherin. Der Islam gehört also tatsächlich zu London.

Seit Juli 2012 beherrscht Londons höchstes Gebäude, **The Shard** 4, das Südufer der Themse. Die Etagen 68, 69 und 72 dienen als Aussichtsplattformen. Von hier hat man den besten Blick auf die Stadt. Von der Straße bis zur Spitze sind es 310 m. Londons höchster Punkt, Hampstead Heath, ist kaum halb so hoch und Highgate Hill erhebt sich gerade mal auf 100 m – ein Panorama ohne Grenzen also! Vorausgesetzt, das Wetter spielt mit. Allerdings gehen Sie nicht leer aus. Sollten Sie entweder das Riesenrad London Eye, die St Paul's Cathedral, The Gherkin, Tower Bridge oder One Canada Square auf der Isle of Dogs nicht sehen können, erhalten Sie einen Gutschein für einen weiteren Besuch innerhalb von drei Monaten. Zusätzliche Reisekosten werden aber nicht erstattet. Dass London teuer ist, beweisen auch die besonders gesalzenen Eintrittspreise zur Shard.

Ikonen der Seefahrt

Die Briten erinnern sich gerne ihres heldenhaften Kampfes gegen Nazi-Deutschland. Westlich der Tower Bridge liegt auf der Themse der 1939 gebaute Kreuzer **HMS Belfast** 5, der im Zwei-

The Shard ragt wie ein gigantischer Glassplitter hoch über die umliegenden Gebäude hinaus.

ten Weltkrieg an der Versenkung des deutschen Schlachtschiffs Scharnhorst beteiligt war. Heute dient das graue Schiff als Teil des **Imperial War Museum.**

Beim St Mary Overie Dock westlich der **London Bridge** an der Clink Street können Sie den maßstabsgetreuen Nachbau der **Golden Hinde** 6 bestaunen, mit der Sir Francis Drake 1577 von Plymouth aus um die Welt segelte. Drakes Segler war der einzige der Flotte, der nach drei Jahren wieder den Heimathafen erreichte. Unterwegs kaperte er mehrere spanische Schiffe, machte immense Beute und sich und seine Mannschaft zu sehr reichen Männern. Die Golden Hinde hat seit 1973 auf den Weltmeeren 140 000 Seemeilen zurückgelegt. Sie werden sich wundern, wie klein dieses Schiff ist, wie eng zusammengepfercht die Mannschaft leben musste. In der Clink Street stand übrigens einst eines der berühmtesten Gefängnisse Londons. *Clink* bedeutet so viel wie ›Knast‹.

Architekturwunder, Architektursünden

Am Südufer der Themse führen Tradition und Moderne – wie so oft in London – eine friedliche Ko-Existenz, wobei einige der neuen Gebäude für Ästheten Steine des Anstoßes darstellen. Aus Stein sind sie aber in der Regel nicht gebaut.

Großer Beliebtheit bei Einheimischen wie Besuchern erfreut sich das **Shakespeare's Globe** 1, der maßstabsgetreue Nachbau des Theaters von 1599, das 1613 abbrannte. Viele von Shakespeares Stücken werden hier in der Saison zwischen April und Oktober unter freiem Himmel aufgeführt. Wer sich eine Aufführung anschauen möchte, sollte vorher den Wetterbericht hören: Regenschirme sind nämlich nicht erlaubt! In den Wintermonaten finden

Cityplan: G–M 3/4 | **Station:** Tower Hill

INFOS/ÖFFNUNGSZEITEN

Tower Bridge 1: www.towerbridge.org.uk; Exhibition und Glass Floor, April–Sept. 10–17.30, Okt.–März 9.30–17 Uhr, £9,80, erm. £6,80, 5–15 Jahre £3; Brückenöffnungszeiten im Internet

The Shard 4: 32 London Bridge Street, www.theviewfromtheshard.com, April–Mitte Okt. tgl. 10–22, Mitte Okt.–März So–Mi 10–19, Do–Sa 10–22 Uhr, letzter Einlass 1 Std. vor Schließung, Erw. £30,95, 4–15 Jahre £ 24,95, online Erw. £21,50, 4–15 Jahre £17,95. Achtung! Öffnungszeiten können aufgrund von Veranstaltungen wechseln. Gutscheine wegen schlechter Aussicht müssen an der Kasse auf Level 1 angefordert werden.

HMS Belfast 5: The Queen's Walk, www.iwm.org.uk/visits/hms-belfast, März–21. Okt. 10–18, Nov.– Feb. 10–17 Uhr, £14,45, 5–15 Jahre £7,50, feste Eintrittszeiten, aber beliebig langer Aufenthalt

Golden Hinde 6: Clink Street, Units 1 & 2 Pickfords Wharf, www.goldenhinde.com, Nov.–März 10–17, April–Okt. 10–18 Uhr, £5, erm. £3

Tate Modern 8: So–Do 10–18, Fr, Sa 10–22 Uhr, Eintritt frei

Shakespeare's Globe 1: New Globe Walk, www.shakespearesglobe.com

National Theatre 2: Upper Ground, South Bank, www.nationaltheatre.org.uk

Southbank Centre 3 **und Royal Festival Hall** 4: Belvedere Road, www.southbankcentre.co.uk; **Queen Elizabeth Hall Roof Garden,** April–Sept. tgl. 10–22 Uhr, Eintritt frei

Blueprint Café 1: 28 Shad Thames, T 020 77 68 62 03, www.blueprintcafe.co.uk, Di–Fr 12–14.45, Sa 11–14.45, So 12–15.45, Dinner Di–Sa 17.30–22 Uhr, HG um £16

Brown's Brasserie & Bar 2: 26 Shad Thames, T 020 73 78 17 00, www.browns-restaurants.co.uk, Mo–Sa 9–23, So 9–22 Uhr, HG um £14

KULINARISCHES FÜR ZWISCHENDURCH

Schon auf der Promenade an der Themse ist das Angebot an Fressbuden vielfältig. Darüber hinaus lockt westlich der London Bridge und im Schatten der gotischen **Southwark Cathedral** einer der ältesten und beliebtesten Essmärkte der Stadt. Wenn Sie gerne gut essen und Neues ausprobieren, müssen Sie wenigstens einmal im **Borough Market** 3 (www.boroughmarket.org.uk, kleiner Markt Mo–Di 10–17, großer Markt Mi–Do 10–17, Fr 10–18, Sa 8–17 Uhr) gewesen sein! Wegen der Atmosphäre, der kulinarischen Köstlichkeiten aus aller Welt, der appetitanregenden Stände und der interessanten Lokale.

die Aufführungen im angrenzenden Sam Wanamaker Playhouse statt.

Hinter dem Globe schlägt seit der Jahrtausendwende die **Millennium Bridge** 7 den Bogen zur anderen Flussseite, geradewegs auf die Kuppel von St Paul's Cathedral zu. Die hypermoderne, stilistisch sehr gewagte Fußgängerbrücke erwies sich gleich bei der Eröffnung durch die Queen als ein statisches Fiasko. Sie geriet bei jedem Schritt in Schwingungen. Inzwischen ist der *wobbly bridge* das Wackeln längst vergangen, sie ist eine sehr beliebte Fußgängerverbindung zur City of London.

Am südlichen Ende der Millenniums Bridge zeigt die **Tate Modern** 8 (▶ S. 66) in einem riesigen alten Kohlekraftwerk das Beste, das die Kunst von 1900 bis heute bietet. Selbst wer sich nicht für moderne Kunst interessiert, der Blick in die ehemalige Turbinenhalle ist im wahrsten Sinne des Wortes gigantisch. Wenig Begeisterung löst dagegen der unansehnliche Betonklotz des **National Theatre** 2 (auch Royal National Theatre) aus. Egal! Das britische Nationaltheater bietet auf drei Bühnen höchste Schauspielkunst und ist Wirkungsstätte internationaler Schauspielstars und renommierter Regisseure.

Akrobatische Abkühlung am Themse-Ufer: per Radschlag durch den Springbrunnen

Die Hässlichkeit des Gebäudes wird jenseits der **Waterloo Bridge** vom sogenannten **Southbank Centre** 3 sogar noch übertroffen. Der Kulturkomplex mit den Konzertsälen **Queen Elizabeth Hall** und **Purcell Room** sowie der **Hayward Gallery** wurde 1955 geplant, aber erst zwölf Jahre später realisiert, als man schon längst von dieser *brutalist architecture* abgekommen war. Eine Generalüberholung soll den Bauten ein bisschen das Schreckliche nehmen. Die von manchen Kritikern vorgeschlagene Gewaltkur, nämlich sprengen, wurde (vorerst) nicht in Betracht gezogen. Stattdessen wurde vor allem innen renoviert und 2018 neu eröffnet. Wie man dem Beton mit verhältnismäßig einfachen Mitteln begegnen kann, beweist der **Queen Elizabeth Hall Roof Garden.** Inmitten von Wildblumenwiesen, Gemüse- und Sträucherbeeten können Sie hier den Ausblick und Ihr mitgebrachtes Picknick genießen. Es gibt aber auch ein Café.

Zum Southbank Centre gehört auch die 1951 errichtete **Royal Festival Hall** 4, die Heimstätte des London Philharmonic Orchestra.

11

Blick aus der Vogelperspektive – **das London Eye**

Das gigantische Riesenrad am Themse-Ufer dreht unaufhaltsam Runde um Runde. Fünf Jahre betrug ursprünglich seine Aufenthaltsgenehmigung, aber das Publikum war so begeistert, dass sie auf unbegrenzt verlängert wurde. Eine Fahrt – die Betreiber sprechen sogar von einem Flug und das leuchtet bei einer Höhe von 135 m sogar irgendwie ein – lohnt sich in jedem Fall. Ob Sie nun fahren oder fliegen: Die Aussicht ist einfach grandios.

Einmal über den Mond fliegen – mit dem London Eye scheint dies möglich.

Im März 2000 drehte sich das **London Eye** 1 zum ersten Mal für zahlende Gäste. Es war Teil der Millennium-Feierlichkeiten – und eine Demonstration der Zuversicht unter der New-Labour-Re-

gierung von Tony Blair. Bis Anfang 2004 war es mit 135 m Durchmesser das größte Riesenrad der Welt. Inzwischen rangiert es nur noch an fünfter Stelle, überholt vom chinesischen Bailang River Bridge Riesenrad mit 145 m, vom Stern von Nanchang mit 158 m, vom Singapore Flyer mit 165 m und dem High Roller in Las Vegas mit 168 m. Auch weitere Städte hegen Pläne für den Bau eines Riesenrads. Ob der Höhe Grenzen gesetzt sind, will niemand verraten.

Nur fliegen ist schöner

Es dreht sich auch bei schlechter Sicht. Selbst wenn Nebel und Wolken die Aussicht vermiesen, ebbt der Andrang am Eye nicht ab. Sein großer Pluspunkt ist die Ruhe. Das riesige Rad bewegt sich im Schneckentempo von 26 cm pro Sekunde, das sind 0,9 km pro Stunde. So dauert eine komplette Umdrehung 30 bis 40 Minuten. In den 32 klimatisierten Glasgondeln haben jeweils 25 Personen Platz, aber sie sind selten voll besetzt. Das liegt wohl zum Teil daran, dass das Rad fast nie stillsteht, die Gäste während der Fahrt ein- und aussteigen können. Nur für Rollstuhlfahrer wird das Rad kurz angehalten.

Das Motto des Riesenrads hat sich inzwischen auch schon auf dem Kontinent rumgesprochen: ›*On a clear day you can see for miles!*‹. Und tatsächlich: Die Gondeln offenbaren ein herrliches 360°-Panorama, das man so schnell nicht wieder vergisst. Erste Verzückungsschreie lösen natürlich schon mal die Parlamentsgebäude und die Westminster Abbey in direkter Nähe auf der anderen Flussseite aus. Dann folgen die Augen den Biegungen der Themse bis zum Tower of London und sogar bis Greenwich zum O_2. Im Norden geht der Blick nach Hampstead und Highgate, bei klarem Wetter weit darüber hinaus. Um die 40 km Fernsicht an schönen Tagen!

So lässt sich auch bequem überprüfen, ob sich *Her Majesty the Queen* in ihrem Lieblingsschloss in Windsor aufhält, zu erkennen an der Standarte über dem Schlossturm. Die verrät Ihnen allerdings nicht, ob auch Gatte Prinz Philip und die berühmten *corgies* anwesend sind. »*Be that as it may*«, würden die Briten jetzt sagen. Genießen Sie es, sich ganz langsam einmal um die vertikale Achse zu drehen. Nichts treibt zur Eile. Höhenangst

Genuss pur verspricht der Blick aus den Gondeln des Riesenrads – es sei denn, Sie leiden unter Höhenangst.

Ü
ÜBRIGENS

Nicht ohne Grund trug die konservative britische Premierministerin Margaret Thatcher den Beinamen Eiserne Lady. Wer sich mit ihr anlegte, hatte schlechte Karten. Ken Livingstone, den Bürgermeister von Großlondon, hasste sie so sehr, dass sie den Greater London Council (GLC) 1986 einfach abschaffte. Das Rathaus, die **London County Hall** 4, die mit säulengeschmücktem Halbrund hinter dem London Eye beeindruckt, wurde kurzerhand an einen japanischen Investor verscherbelt.

London Eye

dürfen Sie allerdings nicht haben. Und es ist auch besser, wenn Sie sich für den restlichen Tag nicht viel vorgenommen haben. Je entspannter Sie in die Gondel steigen, desto größer der Genuss.

Noch ein Tipp fürs Eye: Wenn Sie wollen, können Sie eine Gondel ganz für sich allein mieten, zum Beispiel für eine Geburtstagsfeier, eine standesamtliche Trauung oder einen Betriebsausflug – natürlich *at a price*. Aber das versteht sich von selbst.

Entspannen im Schatten des Riesen

Nach dem Rundflug im London Eye sind die **Jubilee Gardens** 2 dazu prädestiniert, langsam wieder Boden unter den Füßen zu gewinnen und die Eindrücke nachwirken zu lassen. Auf der großen Grasfläche können Sie aber nicht nur entspannen, sondern auch wunderbar ein Picknick machen. Gehen Sie vorher einfach noch in eine Food Hall von **Marks & Spencer** 1 und decken Sie sich

INFOS/ÖFFNUNGSZEITEN

London Eye 1: Nördlich der Westminster Bridge, T 087 17 81 30 00, www.londoneye.com, Sept.–März tgl. 10–20.30, April–Juni 10–21, Juli–Aug. 10–21.30 Uhr, Erw. £21,20, Kinder £16,10, Familien £74,60, Reservierung dringend empfohlen
Marks & Spencer: 16 Waterloo Station 1, SE1 7LY, Mo–Sa 7–23.30, So 8–22.30 Uhr; Southwark Street 2, SE1 0HX, Mo–Fr 7–21, Sa 8–20, So 11–17Uhr. Bekannt für preiswerte Kleidung, aber auch für exzellente Food-Abteilungen. Die sind u. a. eine gute Adresse für Sandwiches, Salate oder Desserts *»to go«*.

KULINARISCHES FÜR ZWISCHENDURCH

Ein paar Schritte von der ehemaligen **County Hall** (Westminster Bridge Road) entfernt verläuft zwischen der Belvedere Road und der York Road die Chicheley Street. In der Nr. 5 befindet sich das Pub mit dem etwas unappetitlichen Namen »Nacktschnecke und Kopfsalat«, **Slug & Lettuce** 1 (T 0845 129 76 37, www.slugandlettuce.co.uk, Mo–Do 9–23, Fr 9–24, Sa 10–24, So 10–22.30 Uhr). Geboten wird anständiges englisches *pub food* zu akzeptablen Preisen. HG ab £9. In dem Teil der ehemaligen County Hall an der Belvedere Road gibt es das sehr gute japanische Restaurant **Izakaya Hannah** 2 (T. 020 38 02 04 02, www.izakayahannah.co.uk, Mo–Sa 12–16, 18–22 Uhr, Menu ab £40). Hauptsächlich wird nach traditionellen Rezepten kleiner japanischer Lokale gekocht. Frischeste Zutaten sind dabei oberstes Gebot.

Cityplan: G 4/5 | **Station:** Westminster

Von ganz oben aus dem Riesenrad muten die Besucher in den Jubilee Gardens wie die Figürchen einer Modelleisenbahn an.

dort ein. Die Sandwiches, Salate oder Desserts von M&S genießen einen exzellenten Ruf. Auch Getränke gibt es natürlich. Falls Sie eine Kühltasche im Gepäck haben, sind Sie alle Sorgen los. Jetzt brauchen Sie nur noch ein nettes Plätzchen und das Picknick kann steigen. Britischer geht's nicht!

Auf dem **Thames Path** 3, dem Spazierweg am Fluss, buhlen Straßenkünstler und Bouquinisten, Musiker und Zirkusclowns, Gaukler, Jongleure und Entfesselungskünstler um das Interesse der Passanten. Genauso wie auf den Ramblas von Barcelona, dem Platz vor dem Centre Pompidou in Paris oder den Fußgängerzonen manch einer deutschen Großstadt. Das Angebot ist jedoch vielfältig und oft wirklich unterhaltsam.

UM DIE ECKE

Wollten Sie immer schon mal Piranhas beim Fressen beobachten? Im **Sea Life London Aquarium** in der ehemaligen County Hall 4 (Westminster Bridge Road, SE1 7PB, www.visitsealife.com/london, 10–18 Sa, So 9.30–19 Uhr, Erw. £20,40, 3–15 Jahre £16.30) machen die gierigen Fischlein bei der Fütterung ihrem Ruf alle Ehre. Am populärsten ist jedoch das Becken mit den Haifischen. Eine Zeitung lobte das Aquarium als bestes Ausflugsziel für Familien in London. Es ist jedenfalls eines der größten Aquarien Europas. Seine Meeresbewohner tummeln sich in geografisch sortierten Becken.

▶ INFOS

Die Warteschlange vor dem Eye ist immer lang. Bestellen Sie Ihre Tickets im Internet vor, dann dürfen Sie den **Fast-Track-Eingang** benutzen. Das gilt im Übrigen für viele Sehenswürdigkeiten in London. Online-Buchung kann eventuelle Wartezeiten bei Ausstellungen und sonstigen Events drastisch reduzieren. Seien Sie ehrlich, auch Ihnen bereitet es ein geheimes Vergnügen, gut gelaunt an grimmig dreinschauenden Wartenden vorbeizuschreiten.

12

Reise zur Kunst – **Tate Britain und Tate Modern**

Glauben Sie bitte nicht, dass zwischen beiden Tate-Galerien ein erbitterter Konkurrenzkampf herrscht. Jede für sich ist einmalig auf der Welt und eröffnet dem Kunstinteressierten unvergessliche Momente. Wahrscheinlich wird auch Ihnen ein einziger Besuch gar nicht genügen. Die beiden Tates haben so viel zu bieten, dass man immer wieder gerne zurückkommt.

Im Westminster-Viertel atmet fast jedes Gebäude Politik, Geschichte und Tradition. Wer hier wohnt, hat entweder viel Geld oder jede Menge Einfluss – meistens beides. Es überrascht also nicht, dass sich hier auch eine weltberühmte Oase der Kunst befindet. Dass die nun wiede-

»Whaam!« – Die Lichtenstein-Retrospektive ließ die Tate Modern erbeben.

rum ihre Existenz dem großen Geld verdankt, ist natürlich ebenfalls wenig verwunderlich. Die Rede ist von der **Tate Britain** 1, die auf den ersten Blick wenig spektakulär an der Schnellstraße Millbank direkt an der Themse im Stadtteil Pimlico liegt.

Vom Knast zur Kunst

Früher stand an dieser Stelle am Rande von Westminster das berühmt-berüchtigte **Millbank Prison,** dessen Häftlinge unter grausamen Haftbedingungen und katastrophalen hygienischen Verhältnissen zu leiden hatten. Wer Glück hatte, wurde nach Australien deportiert; wer in Millbank bleiben musste, hatte keine Chance mehr. 1890 wurde das Gefängnis abgerissen.

Sieben Jahre später öffnete hier ein anderes Gebäude seine Tore, die **National Gallery of British Art.** Sehr bald hieß die Kunstsammlung **Tate Gallery** – seit 2000 **Tate Britain.** Sie war nämlich die großzügige Stiftung von Sir Henry Tate. Er hatte den Würfelzucker in England eingeführt und war Besitzer einer der größten britischen Zuckerraffinerien. Schauen Sie mal die Regale in den britischen Supermärkten genau an. Zuckerprodukte von Tate & Lyle gibt es immer noch.

Ein Blickfang in der Tate Britain – das spiralförmige Treppenhaus

British art at its best

Die Tate Britain ist eine wunderschöne Galerie mit einer der weltweit wichtigsten Sammlungen britischer Kunst. Diese beginnt mit Werken aus dem 16. Jh., ist aber vor allem bekannt für Exponate des 20. Jh. So gehören z. B. Werke der Bildhauer Henry Moore und Barbara Hepworth dazu oder auch die Maler Stanley Spencer und Francis Bacon. Natürlich darf auch zeitgenössische britische Kunst nicht fehlen, u. a. von Lucian Freud, Gilbert & George oder David Hockney. Wer sich bisher nur wenig mit britischen Künstlern beschäftigt hat, wird aufs Positivste erstaunt sein. Die Kunstszene auf der Insel hat Großes hervorgebracht – und tut das bis zum heutigen Tage immer noch. Ein Besuch in den kleinen Kunstgalerien in Londons East End wird Sie überzeugen.

Nicht wegzudenken aus der Tate Britain sind natürlich die Werke von William Turner (1775–1851). Ihnen hat man den gesamten **Clore-Gallery-Anbau** gewidmet. Der Entwurf stammt vom

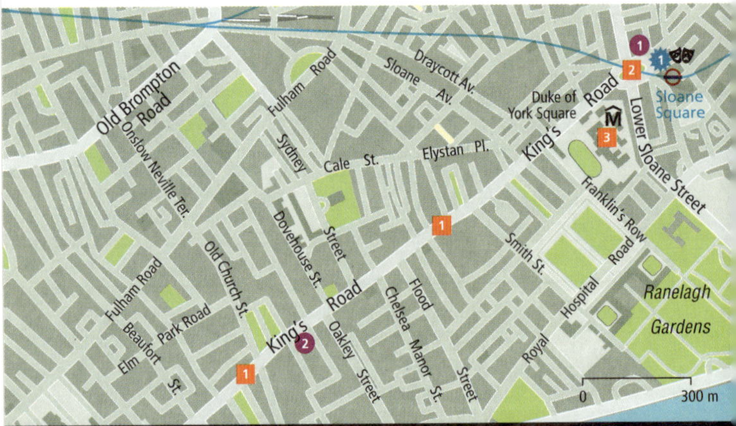

Cityplan: A/B 7/8 | **Station:** Sloane Square

INFOS/ÖFFNUNGSZEITEN

Royal Court Theatre 1: Sloane Square, T 020 75 65 50 00, www.royalcourttheatre.com, Tickets Mo–Sa 10–18 Uhr
Saatchi Gallery 3: Duke of York's HQ, King's Road, SW3 4RY, T 020 78 11 30 85, www.saatchi-gallery.co.uk, tgl. 10–18 Uhr, Sonderausstellungen £20

KULINARISCHES FÜR ZWISCHENDURCH

Aus dem reichhaltigen Restaurantangebot lassen sich zwei Lokale hervorheben: Schräg gegenüber vom Royal Court Theatre befindet sich das Gastro-Pub **The Botanist** 1 (7 Sloane Square, T 020 77 30 00 77, www.thebotanistonsloanesquare.com, Frühstück Mo–Fr 8–11.30, Sa, So 9–11.30, Lunch Mo–Fr 12–15.30, Sa, So 12–16, Tea tgl. 15.30–18, Dinner 18–22.30 Uhr, HG ca. £20). Das Restaurant ist nach dem Botaniker, Arzt und Kunstsammler Sir Hans Sloane benannt, dessen immense Sammlung den Grundstock des British Museum bildete. Das Restaurant ist besonders bekannt für seine Desserts. Unbedingt reservieren!
Dem **My Old Dutch** 2 (221 King's Road, T 020 73 76 56 50, www.myolddutch.com, Mo–Sa 10–22.30, So 10–22 Uhr, ab £6,95) können Kinder nicht widerstehen – und auch Erwachsene nur selten. Es macht die besten Pfannkuchen der Stadt mit himmlischen Toppings – sowohl süß als auch herzhaft.

John Osborne, John Arden und Harold Pinter fanden neue Wege, das Publikum anzusprechen.

Ein paar Meter in die King's Road hinein, nicht wirklich versteckt hinter einer Ansammlung von Cafés, Bars, Restaurants und Boutiquen präsentiert sich mutig und provokant die **Saatchi Gallery** 3 in einer ehemaligen Kaserne. Charles Saatchi beweist hier erneut, dass er einer der mutigsten Kunstmäzene des Landes ist. Er nennt sich selbst einen *artoholic* und hat zweifellos mehr für *young British artists* wie Damien Hirst oder Tracey Emin getan als irgendein anderer in England.

Laut, bunt und fröhlich – **Camden Market**

14

Angst vor größeren Menschenansammlungen sollten Sie nicht haben, wenn Sie den größten Trödel- und Klamottenmarkt der Welt besuchen wollen. Tausende von Gleichgesinnten haben seit dem Gründungsjahr 1972 jeden Tag dieselbe Idee. Camden Market ist ein Event, ein Happening, eine Megaparty – für Publikum und Händler.

Auf dem **Camden Market** 1 ist es immer voll, egal zu welcher Tageszeit. Der Markt ist das Nonplusultra für Shopaholics jeden Alters und übt eine geradezu magische Anziehungskraft auf London-Besucher aus. Natürlich ist er mehr als ein schlichter Wochenmarkt. Allein die Auswahl ist unfassbar riesig. Ob schrill oder gediegen, ob neu oder gebraucht, von billigen Souvenirs bis zu De-

Wenn Shoppen zum Event wird, nennt es sich Camden Market.

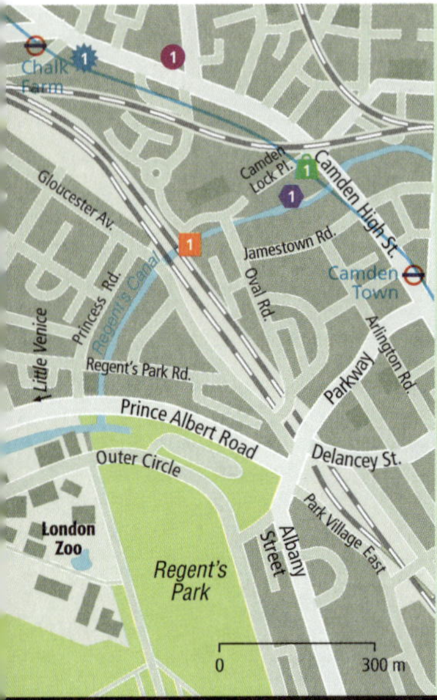

INFOS/ÖFFNUNGSZEITEN

Camden Market 1: Camden High Street, www.camdenmarket.com, tgl. 10 Uhr bis spät
Roundhouse 1: Chalk Farm Road, www.roundhouse.org.uk, Bars und Restaurants tgl. ab 10.30 Uhr, Konzerte und andere Veranstaltungen 19–23 Uhr

KULINARISCHES FÜR ZWISCHENDURCH

Das **Cottons** 1 (55 Chalk Farm Road, T 020 74 85 83 88, http://cottons-restaurant.co.uk/camden/, Mo–Do 17–23, Fr, Sa 17–1, So 12–24 Uhr, HG ca. £15) verwöhnt mit karibischer Küche. Sie haben die Wahl zwischen fünf Fleisch-, sechs Fisch- und drei vegetarischen Gerichten sowie über 300 Sorten Rum. Zum karibischen Ambiente des gemütlichen, kleinen Restaurants gehört abends die obligatorische Steel Drum Band.

Cityplan: nördlich C/D 1 | **Station:** Camden Town, Chalk Farm

signermode, von antiken Möbeln bis zu seltenen Schallplatten oder Büchern.

Die Mischung macht's

Der Markt platzt inzwischen aus allen Nähten. Bereits an der Station Camden Town locken erste Geschäfte. Zahllose Stände befinden sich auch draußen am **Regent's Canal** 1 oder in den Lagerhallen und Ladenzeilen daneben. Sie können das Gewusel nicht übersehen: Überall drängen sich dichte Trauben von Besuchern, auch wenn das Angebot manchmal eher geschmacklos und nicht selten überteuert ist.

Händler und Publikum bilden ein buntes Völkchen. So ist die alternative Hippie-Szene genauso vertreten wie schwarz gekleidete Punks, Emos und Goths, dazwischen Rocker, Yuppies, Sloanies – in Camden vertragen sie sich alle. Schnäppchenjäger sollten vor dem Einkauf erst von Stand zu Stand ziehen und vergleichen, egal, ob sie mit einem ›I-Love-London‹-Pullover nach Hause kommen wollen oder eine Vorliebe für schicke Ledertaschen hegen. Sie müssen unbedingt gute Nerven mitbringen, es herrscht Shopping-Stress pur.

Da ist eine kleine Pause mit einer Stärkung willkommen. An einigen Ständen werden Snacks verkauft: indisch, chinesisch, thailändisch, japanisch, mexikanisch, tunesisch, griechisch, spanisch – so gut wie jede Länderküche ist mit kulinarischen Köstlichkeiten vertreten. Nicht teuer und immer lecker! Man isst im Stehen oder Gehen, kann sich aber auch auf einer Bank am Kanal niederlassen und dem Getümmel aus sicherer Entfernung zuschauen.

Events im Lokschuppen

Nördlich vom Markt steht ein ehemaliger Lokomotivschuppen, heute aufgrund seiner Form **The Roundhouse** 1 genannt. 1846 wurde er von Robert Stephenson entworfen. In der Mitte befand sich eine Drehscheibe von 48,64 m Durchmesser zur Wartung der Loks. Irgendwann aber war das Gebäude technisch überholt und wurde zunächst zu einer Lagerhalle der Spirituosenfirma W. & A. Gilbert umfunktioniert.

Danach fiel die Halle in einen Dornröschenschlaf, aus dem sie in den 1960er-Jahren der englische Dramatiker Arnold Wesker erlöste. Er pachtete den alten Lokschuppen für sein Centre 42, ein vom Dachverband der britischen Gewerkschaften mitfinanziertes Zentrum für Kunst und Kultur. Dem Projekt war jedoch kein Glück beschieden.

Nach der Jahrtausendwende kam das große Geld. Das heruntergekommene Objekt wurde renoviert und wieder einmal umfunktioniert. Heute ist das Angebot vielseitig, die Nutzung multimedial: Rock- und Popkonzerte, Lesungen, Gastspiele, Theaterabende, Zirkusvorstellungen, Filmvorführungen. Das Roundhouse hat seinen eigenen Radiosender und eigene Aufnahmestudios, in denen junge Leute experimentieren können.

UM DIE ECKE

Der **Regent's Canal** 1 wird von pittoresken *narrow boats* befahren. Früher waren das Frachtkähne, heute sind es Ausflugs- und Freizeitboote. Dazwischen transportiert der **London Waterbus** 1 Fahrgäste vom Camden Lock zum London Zoo und weiter nach Little Venice (www.londonwaterbus.com, April–Sept. tgl. 10–16.50 Uhr je nach Anlegestelle, Okt.–März eingeschränkter Fahrplan, £9, erm. £7,50).

Ü
ÜBRIGENS

Verglichen mit anderen Londoner Straßenmärkten ist der in Camden noch jung. 1972 wurde er gegründet, direkt an der Schleuse am Regent's Canal. Einige Lagerhäuser und Stallungen am Camden Lock waren damals gerade frei geworden, und irgendjemand kam auf die Idee, es mit Marktständen zu versuchen. Die kleinen Innenhöfe mit ihrem Kopfsteinpflaster verliehen dem Projekt von Anfang an einen alternativen Touch. Und dass es hier oft nach mehr als nur Räucherstäbchen roch, war für die Bohème von Nord-London ein zusätzlicher Bonus.

Auf dem Stable Market: Die Bronzestatue der Sängerin Amy Winehouse vom Londoner Künstler Scott Eaton.

Basin 11. Hier mündet der **Grand Union Canal** in die Themse, der weiter nordwestlich an Camden Market und Little Venice vorbeiführt. Jetzt sehen Sie auch schon das eindrucksvolle Panorama des Finanzzentrums von **Canary Wharf** 12 mit den Hochhäusern der Banken, Versicherungen und Energieversorgern. **Isle of Dogs** nennt sich diese Halbinsel, die das Zentrum des alten Londoner Hafens war. Sie liegt genau gegenüber von Greenwich.

INFOS/ÖFFNUNGSZEITEN

Flusstourenanbieter am Westminster Pier 1: www.citycruises.com, www.thamesriverservices.co.uk
Royal Museums Greenwich: www.rmg.co.uk, alle Museen tgl. 10–17, Ende Juli–Aug. bis 18 Uhr, Kombiticket £20, 5–15 Jahre £11,50
Cutty Sark 13: King William Walk, £13,50, 5–15 Jahre £7
National Maritime Museum (NMM) 14: Park Row, Eintritt frei
Queen's House: Romney Road, Eintritt frei
Royal Observatory 15: Blackheath Avenue, £10, 5–15 Jahre £6,50
Greenwich Tourist Information Centre: Old Royal Navel College, King William Walk, SE10 9NN, T 087 06 08 20 00, www.visitgreenwich.org.uk, tgl. 10–17 Uhr

Öffentliche Verkehrsmittel: Zwischen dem Zentrum und Greenwich verkehrt die Docklands Light Railway (DLR).

KULINARISCHES FÜR ZWISCHENDURCH

Direkt am Fluss in Greenwich liegt die **Trafalgar Tavern** 1 (6 Park Row, T 020 38 87 98 86, www.trafalgartavern.co.uk, Mo–Do 12–23, Fr, 12–1, Sa 10–1, So 12–23 Uhr, HG ca. £18), ein altes, typisch englisches Pub mit großen Fenstern und einer Terrasse am Wasser, von der man direkt gegenüber auf Canary Wharf blickt. In der Bar besteht die Wahl zwischen unterschiedlichen Bieren und typischer Pub-Gastronomie, im Restaurant steht meist frischer Fisch auf der Karte. Die vielen alten Gemälde an den Wänden sorgen für maritimes Flair.

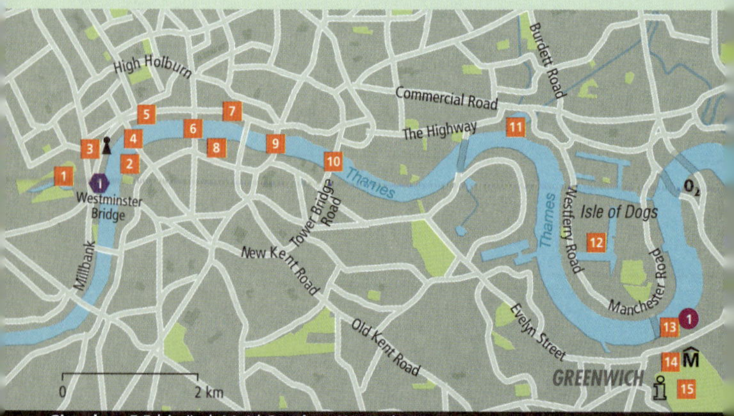

Cityplan: F 5 bis östl. M 4 | **Station:** Westminster

Greenwich Park zählt zu den Königlichen Londoner Parks. Zum royalen Rahmen und der fürstlichen Aussicht mundet ein Schluck Champagner.

Britanniens maritime Vergangenheit

Greenwich gilt als das Symbol der großen britischen Seefahrernation. Der Teeclipper **Cutty Sark** 13 am Themse-Ufer vermittelt einen Eindruck von früheren Zeiten. Er gehört zu den **Royal Museums Greenwich** ebenso wie das **National Maritime Museum** 14, das die größte Sammlung zur ›Geschichte der britischen Nation und des Meeres‹ beherbergt: neben Gemälden berühmter Schiffe und Porträts der Helden der britischen Seefahrt – allen voran Horatio Nelson – auch wissenschaftliche Apparate und Navigationsinstrumente.

Das Seefahrtsmuseum befindet sich in perfekter Symmetrie mit dem schräg gegenüber liegenden **Royal Naval College** und dem benachbarten **Queen's House** (1637). Dieser von Inigo Jones im Stil des Palladianismus entworfene Stadtpalast wurde ursprünglich für Anne von Dänemark gebaut. Nach deren frühem Tod zog Queen Henrietta Maria, die Frau von Charles I, hier ein. Die Räume ziert eine feine Gemäldesammlung Alter Meister. Auf dem Hügel hinter dem Museum erstreckt sich der **Greenwich Park.** Ein Spaziergang führt hinauf zum alten **Royal Observatory** 15 und dem **Nullmeridian.**

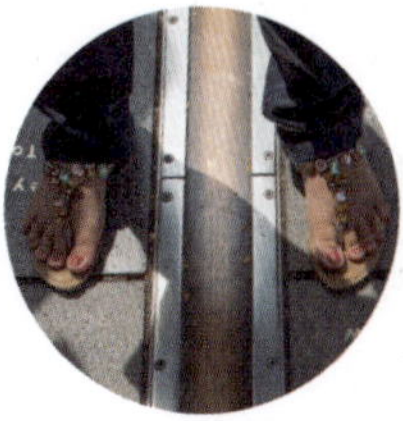

Im Innenhof des Royal Observatory markieren ein Messingstreifen und eine Skulptur den Nullmeridian, hier haben die Briten die Welt in Ost und West aufgeteilt, hier herrscht die Greenwich Mean Time. Hier können Sie mit einem Bein in der westlichen Hemisphäre, dem anderen in der östlichen stehen.

UM DIE ECKE

Wagen Sie eine Stippvisite im **Fußgängertunnel,** der die Isle of Dogs und Greenwich verbindet. Zwei niedrige Rundbauten mit Glaskuppeln markieren auf jeder Flussseite den Eingang. Im Aufzug geht es abwärts. Ein bisschen unheimlich ist es schon, unter der Themse durchzulaufen. Auf der anderen Seite können Sie mit der Docklands Light Railway (DLR) zurück zum Tower fahren.

EINTRITTSKARTEN *in eine andere Welt …*

Neben dem British Museum (> S. 40) und den beiden Tates (> S. 64) sind dies einige meiner persönlichen Favoriten:

UND JETZT ENTSCHEIDEN SIE!

Brunel Museum
Tgl. 10–17 Uhr
£6, erm. £4, Kinder/Jugendliche unter 16 J. Eintritt frei

JA NEIN

Marc und Isambard Kingdom Brunel bauten u. a. den ersten Tunnel unter der Themse bei Rotherhithe. Ein bescheidenes, kleines Museum im Werkschacht für den Tunnelbau ehrt die beiden großen Ingenieure.
Karte 4, www.brunel-museum.org.uk

Sir John Soane's Museum
Mi–So 10–17 Uhr
Eintritt frei

JA NEIN

John Soane, ein Professor für Architektur an der Royal Academy, sammelte einfach alles: Fragmente alter Gebäude, Sarkophage und Skulpturen, Modelle römischer Tempel und unzählige Architekturzeichnungen.
G 2, www.soane.org

Jewish Museum
Sa–Do 10–17, Fr 10–14 Uhr
£7,50, erm. £5,50,
5–16 Jahre £4

JA NEIN

Die Ausstellung dokumentiert die Geschichte jüdischen Lebens in London und ganz Britannien. Besonders stolz ist man auf die Mikwe aus dem 13. Jh. Koschere Kost bietet das Museumscafé. U. a. werden Konzerte veranstaltet.
nördl. D 1, www.jewishmuseum.org.uk

Wallace Collection
Tgl. 10–17 Uhr
Eintritt: frei

JA NEIN

Ein Londoner Geheimtipp! Das Georgian Town House des Sammlers Sir Richard Wallace hütet eine der besten Kunstsammlungen der Welt: Gemälde u. a. von Rembrandt, Velázquez, Tizian sowie Möbel und Keramik.
C 2, www.wallacecollection.org

Museum of London
Tgl. 10–18 Uhr
Eintritt: frei

Eine Reise nach London ohne einen Besuch im Stadtmuseum? Unmöglich! Es widmet sich der Geschichte Londons von der Steinzeit über die Römer bis heute in faszinierender und besucherfreundlicher Weise.

JA   NEIN

🕮 J/K 1/2, www.museumoflondon.org.uk

Leighton House Museum
tgl. außer Di 10–17.30 Uhr
£9, erm. £7

Eine der vielen Sammlungen exzentrischer Briten: Kacheln aus dem Nahen Osten und filigrane Holzarbeiten. Besonders beeindruckend ist die Arab Hall mit Kacheln von William de Morgan.

🕮 Karte 3, südwestl. C 4, www.rbkc.gov.uk/leightonhousemuseum

JA   NEIN

19 Princelet Street
Unregelmäßig geöffnet, Infos auf der Website
Eintritt: frei, Spende sehr willkommen

Das Haus, in dem der hugenottische Seidenweber Ogier mit seiner Familie lebte, ist sicherlich Londons unbekanntestes Museum. Noch ist die Ausstellung über Immigration und kulturelle Vielfalt im Aufbau begriffen.

JA   NEIN

🕮 östl. M 1, www.19princeletstreet.org.uk

Handel & Hendrix in London (Handel House Museum)
Mo–Sa 11–18 Uhr
£10, Kinder £5 (Online-Buchung empfohlen)

Zwei Musikgenies Wand an Wand: In der Brook Street Nr. 25 lebte und komponierte Händel 36 Jahre lang. In Nr. 23 wohnte Jimi Hendrix ein Jahr lang mit seiner Freundin Kathy Etchingham – allerdings 200 Jahre später.

JA   NEIN

🕮 C/D 2/3, https://handelhendrix.org

London Transport Museum
Tgl. 10–18 Uhr. £17,50, erm. £15, Kinder Eintritt frei. Das Ticket ist ein Jahr lang gültig für beliebig viele Besuche.

Nicht nur Kinder haben hier ihren Spaß! Busse, Bahnen, Plakate und viele andere Exponate erinnern an 200 Jahre öffentliche Verkehrsmittel in London – und der Straßenlärm rund um Covent Garden bleibt draußen.

JA   NEIN

🕮 Karte 2, F/G 3, www.ltmuseum.co.uk

Londoner Museumslandschaft

Über 200 Museen buhlen mehr oder weniger tagtäglich um das Interesse der Besucher. Alphabetisch betrachtet reicht das Angebot vom Alexander Fleming Laboratory Museum – Fleming entdeckte das Penicillin – bis zum World Rugby Museum in Twickenham. 82 000 Rugby-Fans fasst das dortige Stadion. In der alphabetischen Aufstellung der Museen fehlen die Buchstaben X, Y und Z. Wie wär's denn nach dem Brexit mit einem Museum der Xenophobie? Und wenn man bedenkt, dass es in Greenwich ein Fächer-Museum (Fan Museum) gibt, dann überrascht es, dass uns ein Yo-Yo-Museum und ein Zoo-Museum vorenthalten werden. Als London-Neuling werden Sie sich sicherlich wundern, dass die meisten Museen und Galerien keinen Eintritt verlangen. Bei fast 40 Mio. Besuchern pro Jahr sprechen wir hier von einer gewaltigen Menge Geld, die sozusagen verloren geht. Allerdings besitzen die meisten Museen inzwischen neben einem Shop auch ein Café und damit lässt sich in der Regel mehr verdienen als mit dem Ticketverkauf. Nur für Sonderausstellungen müssen Sie zahlen. Die sogenannten *blockbuster events* waren im Vereinigten Königreich zwar als Publikumsmagneten vor Jahren totgesagt worden, doch man hatte sich getäuscht. Allen voran die Royal Academy, das British Museum und die National Gallery erreichen mit Sonderausstellungen immer wieder große Besucherzahlen.

INFORMATIONEN

Die meisten Museen und viele Galerien sind gratis, aber allen ist eine Spende willkommen, selbst wenn Eintritt verlangt wird. Zu diesem Zweck stehen in den Foyers Plexiglastrommeln, in die Besucher ihr Kleingeld werfen können. Mit dem London Pass erhalten Sie bei einigen kostenpflichtigen Museen einen Rabatt und in vielen frei zugänglichen Museen Vergünstigungen wie etwa einen Audioguide. Mit Wartezeiten müssen Sie in der Regel nur bei begehrten Sonderausstellungen rechnen. Wer aber sein Ticket vorbestellt, kann eine feste Besuchszeit buchen. Infos gibt es auf den Websites der Museen.

In der Earth Hall des Natural History Museum dreht sich alles um die Entstehung unseres Planeten.

Town Houses und Paläste

London ist reich an Schlössern der Monarchen und vor allem an *town houses* des Adels und der Reichen. Zu einigen dieser Häuser haben Sie Zutritt, können den Prunk bestaunen, mit dem man sich bemühte, Gäste zu beeindrucken. In manch einem Haus drängt sich allerdings der Gedanke auf, dass es sich angenehmer lebt, wenn man nicht vom Zwang zu repräsentieren geleitet wird.

Prunk im Überfluss

Apsley House 🕮 C 4

Lange Zeit war Apsley House unter der Adresse No. 1 London bekannt, weil es das erste Gebäude war, auf das man stieß, wenn man vom Dorf Kensington in die große Stadt kam. 1778 errichtete es der Architekt Robert Adam für Baron Apsley. 50 Jahre später wurde der Stadtpalast vergrößert und umgebaut, um dem Duke of Wellington gerecht zu werden. Der Held von Waterloo hatte die Schlacht gegen Napoleon u. a. mit Feldmarschall Blüchers Hilfe gewonnen. Der Deutsche war damals in England so populär, dass er kaum unbehelligt im Hyde Park ausreiten konnte. Pubs wurden nach ihm benannt und der Eisenbahningenieur George Stephenson taufte seine erste Dampflokomotive ›The Blucher‹. Blücher ist inzwischen in England vergessen, aber die Nachfahren Wellingtons leben noch immer im Apsley House. Einige Räume sind für die Öffentlichkeit zugänglich.

149 Piccadilly/Hyde Park Corner, W1J 7NT, www.english-heritage.org.uk, U: Hyde Park Corner, Mi–So 11–17 Uhr, £10, erm. £9, 5–17 Jahre £6

Gelehrtenhaus

Dr Johnson's House 🕮 H 2

Das Wohnhaus des Schriftstellers und Lexikografen stammt aus dem 17. Jh. In den mit grauen Holzpaneelen ausgestatteten Räumen stehen Möbel aus Samuel Johnsons Zeit, an den Wänden hängen Zeichnungen und Porträts, darunter auch eines seines schwarzen Dieners Francis Barber. Neben Johnsons Tasse dürfen zwei Ausgaben des »Dictionary« und sein Gichtstuhl bestaunt werden.

17 Gough Square, EC4A 3DE, www.drjohnsonshouse.org, U: Chancery Lane, Mai–Sept. Mo–Sa 11–17.30, Okt.–April Mo–Sa 11–17 Uhr, £6, erm. £5, 5–17 Jahre £2,50

Prinzessinnenhaus

Kensington Palace 🕮 Karte 3, D 3

Der zunächst eher bescheidene Stadtpalast Nottingham House ging 1689

Samuel Johnsons Katze Hodge wundert sich, wer in ihrem Haus am Gough Square heute so alles ein- und ausgeht.

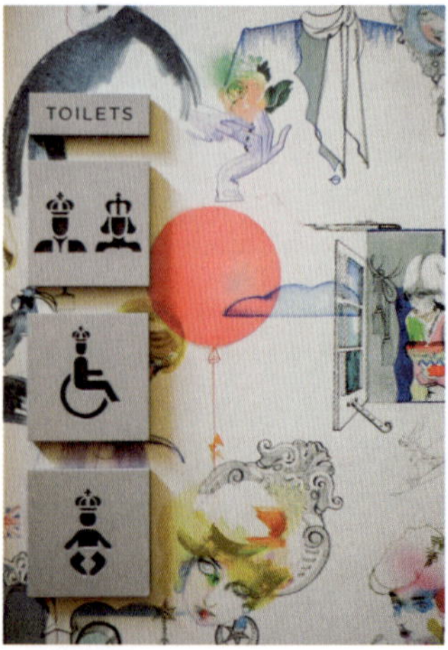

Den Weg zum stillen Örtchen im Kensington Palace zieren Illustrationen von Lady Di.

in den Besitz von William III über. Der König ließ das Anwesen von Christopher Wren erweitern und zu seiner Londoner Residenz umbauen. George I und sein Architekt William Kent sind für das jetzige Aussehen des Schlosses verantwortlich. Seit 1760 dient es Mitgliedern der königlichen Familie als Wohnsitz. Königin Victoria wurde hier 1819 geboren. Ihre Geschichte ist Thema bei einer der vier 2012 gestalteten Besichtigungsrouten durch den Palast. Eine weitere befasst sich mit den Ritualen des Königshofes. Auch Prinzessin Diana kommt nicht zu kurz: Einige ihrer Kleider sind in den wunderschönen Räumen der Queen's State Apartments zu bewundern. Diana wohnte bis zu ihrem Tod 1997 in Kensington Palace. Sehenswert sind auch die Gartenanlage und die Orangerie.

Kensington Gardens, W8 4PX, www.hrp.org.uk/kensington-palace, U: High Street Kensington, Queensway, März–Okt. tgl. 10–18, Nov.–Feb. 10–17 Uhr, £19,50, Kinder/Jugendliche bis 16 Jahre £9,70

Offizielle Adresse der Windsors

St James's Palace 🕮 D/E 4

Henry VIII ließ den Stadtpalast 1532 im Tudor-Stil errichten, der nach dem Brand von Whitehall Palace 1698 zur königlichen Residenz wurde. Erst nachdem Königin Victoria den Thron bestiegen hatte, zog die Königsfamilie in den größeren Buckingham Palace um. Heute wohnen in St James's u. a. die Leibgardisten der Queen und zahlreiche Mitglieder des Hofstaates. Thronfolger Prinz Charles ließ sich nach seiner Scheidung von Prinzessin Diana im Palast nieder und wohnte nach Dianas tödlichem Autounfall 1997 zunächst mit seinen Söhnen William und Harry hier. Der St James's Palace ist nach wie vor die offizielle Adresse der Windsors. Botschafter werden ›am Hof von St James's akkreditiert‹, auch wenn sie diese Akkreditierung im Buckingham Palace erhalten – unlogisch, aber englisch.

Marlborough Road, SW1A 1BS, U: Green Park, nur von außen zu betrachten

Richterhaus

Kenwood 🕮 Karte 4

Dieses elegante weiße Palais an der Nordgrenze der Hampstead Heath ist einen Spaziergang wert. Das aus dem frühen 17. Jh. stammende Anwesen wurde zwischen 1764 und 1779 von dem berühmten Architekten Robert Adam für William Murray, 1. Earl of Mansfield, im neoklassizistischen Stil umgebaut. Murray war zu jener Zeit als britischer Kronanwalt der mächtigste Richter des Landes. Der letzte Bewohner von Kenwood House war Edward Cecil Guinness, 1. Earl of Iveagh und Oberhaupt der irischen Brauerei-Dynastie. Er verfügte, dass das Haus und eine interessante kleine Sammlung von Kunstwerken für die Öffentlichkeit zugänglich sein sollten. Alte Meister wie Rembrandt und Vermeer sowie britische Maler sind hier vertreten. Aber allein die wohlproportionierten Räume, die die Genialität des Architekten Robert Adam offenbaren, sind ein Genuss fürs Auge. Auf einer großen Wiese vor dem Haus liegt die Quelle der Fleet, des größten der unterirdischen Flüsse Londons.

Hampstead Lane, NW3 7JR, www.english-heritage.org.uk, U: Hampstead, Highgate, weiter mit dem Bus, tgl. 10–17 Uhr, Eintritt frei

Fast auf dem Land – Hampstead

Fest steht: Es ist schwierig, ausländische Besucher aus der Innenstadt raus in Londons Randgebiete zu locken. Dabei liegt Hampstead gar nicht mehr am Stadtrand, es ist gerade einmal 6,5 km von Charing Cross entfernt. Und von der Hamstead Heath genießen Sie die fantastischen Blicke über die Metropole.

Künstler- und Intellektuellenviertel

Hampstead Village 🗺 Karte 4

Sobald Sie die Hampstead Station verlassen, tauchen Sie ein in eine andere Welt. Sie ist englischer, aber nicht altmodischer, sondern jung und lebendig. Allerdings muss man schon etwas Geld haben, um sich die hiesigen Mieten und Immobilienpreise leisten zu können. Der Stadtteil gilt immer noch als das Paradies für Millionäre. Spaziergänge durch die schmalen Gassen Hampsteads muten an wie Entdeckungsreisen in eine andere Zeit. Im Flask Walk nahe der U-Bahn-Station erinnert jeder Schritt daran, dass Hampstead vor gar nicht so langer Zeit noch ein Dorf war. Im 19. Jh. entwickelte es sich zu einem Künstler- und Intellektuellenviertel. John Keats, einer der bedeutendsten Dichter der englischen Romantik, wohnte für kurze Zeit im Keats Grove und schrieb seine »Ode an eine Nachtigall«. Auch den Schriftstellern Edgar Wallace, John le Carré und Katherine Mansfield gefiel es hier, ebenso wie dem Schauspieler Richard Burton, dem Architekten Walter Gropius oder der Bildhauerin Barbara Hepworth. Selbst Musiker wie Boy George und die *enfants terribles* Sid Vicious und Johnny Rotten zog es nach Hampstead.

U: Hampstead

Hoch erhaben über London

Hampstead Heath 🗺 Karte 4

Es war und wird wohl immer mein Lieblingsausflugsort sein: ein riesiges Gebiet von 320 ha am Rand der Innenstadt zwischen Highgate und Hampstead am höchsten Punkt Londons. Groß genug, um sich zu verlaufen. Groß genug, um zu glauben, man sei auf dem Land. Im 19. Jh. fuhren Bewohner des Londoner East End hinaus ins Grüne nach Hampstead, um frische Luft einzuatmen und hinunterzublicken auf die Metropole, die schon damals immense Ausmaße hatte. Die Heath ist allerdings keine Heide, sondern ein alter Londoner Park, größtenteils naturbelassen. Sie wird erstmals 986 erwähnt, als ein gewisser Ethelred der Unfertige einem Bediensteten Land auf der Heath zur Verfügung stellte. Heute lassen Londoner auf dem Teil, der sich Parliament Hill nennt, Drachen steigen oder genießen den wunderbaren Blick auf das Londoner Panorama von Canary Wharf im Osten bis hin zur St Paul's Cathedral und den Houses of Parliament.

U: Hampstead, Highgate, Archway oder Golders Green, weiter mit dem Bus

On the top of London – Hampstead Heath

Pause. Einfach mal abschalten

Die Füße tun weh und die vielen anderen London-Besucher gehen Ihnen ein bisschen auf den Keks. Was tun? Nun, die einfachste Lösung lautet: raus in den Park. Fast überall in London gibt es Grünflächen, vom riesigen Hyde Park bis zum kleinsten Kirchgarten mit zwei oder drei Bänken. Denn auch viele Londoner möchten mitten am Tag mal kurz abschalten und durchatmen.

Eine kleine grüne Insel in der City

Postman's Park 🕮 J 2

Nur wenige Londoner kennen den Postman's Park, die meisten gehen auf dem Weg zur Arbeit achtlos an ihm vorbei. Die Gartenanlage, die 1880 auf einem vormaligen Friedhof entstand, verdankt ihren Namen den Angestellten des nahe gelegenen General Post Office, die hier gerne eine Pause einlegten. Die Kuriosität des Parks ist das 1900 errichtete Memorial to Heroic Self Sacrifice, das Menschen ehrt, die bei dem Versuch, jemand anderen zu retten, ihr Leben verloren haben.

St Martin's le Grand, EC1A, U: St Paul's, tgl. 8–19 Uhr bzw. bis Sonnenuntergang

Weitgehend unbekannt

Phoenix Garden 🕮 Karte 2, F 2

Einer der vielen unbekannten Gärten liegt im West End, eingeklemmt zwischen der Charing Cross Road und der Shaftesbury Avenue. Der Phoenix Garden ist eine wahre Oase in diesem sonst wuseligen Touristengebiet. Die Anlage wird von Freiwilligen in Schuss gehalten.

21 Stacey St, WC2H 8DG, www.thephoenixgarden.org, U: Leicester Square, tgl. 9–16 Uhr

In den Fußstapfen der Royals

St James's Park 🕮 D/E 4/5

St James's ist der älteste aller Königlichen Londoner Parks und der kleinste. Einst erstreckte sich hier ein Sumpf, doch Henry VIII ließ das Areal 1536 trockenlegen, weil er einen Ort zum Lustwandeln erschaffen wollte. Seine Tochter Elizabeth I ging hier noch zur Jagd, James I ließ eine Menagerie und Volière bauen und Charles II wiederum zeichnet für den formellen französischen Stil der Anlage verantwortlich. Es ist ein freundlicher Park mit einem wunderbaren Blick auf den Buckingham Palace. Überquert man die Mall, gelangt man in den direkt angrenzenden Green Park.

The Mall, SW1A 2BJ, www.royalparks.org.uk, U: Charing Cross, tgl. 5–24 Uhr

Abwechslungsreich

Regent's Park 🕮 nördl. C 1

Diese schöne und weitläufige Anlage bietet einige Attraktionen: die Queen Mary's Gardens mit über 12 000 Rosen, einen großen Kahnweiher, eine Freilichtbühne und das London-Panorama vom 63 m hohen Primrose Hill. Zudem befinden sich hier der London Zoo und eine Anlegestelle für Kanalfahrten mit den *narrow boats* sowie einige eindrucksvolle Villen und Stadtpaläste.

Chester Road, NW1 4NR, www.royalparks.org.uk, U: Regent's Park Station, tgl. Mai–Aug. 5–21, April, Sept. 5–19, Okt.–März 5–17 Uhr

Gipfelstürmer

Kew Gardens 🕮 Karte 4

Einer der wichtigsten botanischen Gärten der Welt liegt südwestlich von London. 80 000 Pflanzen wachsen hier, hinzu kommen 35 000 in Spiritus konservierte Pflanzen, die Sammlung des 1852 gegründeten Herbariums umfasst 5 Mio. Spezies. Sehenswert sind das 120 m lange Palmenhaus (1844) und das elegante, 160 m lange Kalthaus von

Die Frühlingssonne lässt im St James's Park die Narzissen strahlen und lockt die Londoner ins Freie.

1860 mit gusseisernen viktorianischen Streben sowie die chinesische Pagode. Auf dem 200 m langen Treetop Walkway können Sie in 18 m Höhe zwischen den Wipfeln von Linden, Kastanien und Eichen wandeln. Die riesigen Rasenflächen dürfen betreten werden und laden zu einem Picknick ein.

Kew, Richmond TW9 3AB, www.kew.org, U: Kew Gardens, Bahn von Waterloo, Ausflugsboot von Westminster bis Kew Pier, April–Aug. Mo–Do 10–19, Fr–So 10–20, Sept. tgl. 10–19, Okt. 10–18, 28. Okt.–20. Nov. 10–16, 21. Nov.–1. Jan. 10–15.30, Jan. 10–16, Febr.–März 10–17 Uhr, Eintritt online £16. erm. £14, Kinder £4, unter 4 Jahre frei.

Ein Treffpunkt für alle

London Fields 🕮 nördl. M 1

Auf den London Fields ließen die Viehhändler einst auf dem Weg zu den Londoner Märkten ihre Tiere weiden. Heute geben sich hier an sonnigen Sommertagen die Bewohner des Stadtteils Hackney ein Stelldichein – Jung und Alt, Arm und Reich, Alteingesessene und Neuankömmlinge. Im Park verwischen alle Unterschiede. Die meisten Leute sitzen einfach auf dem Rasen, grillen und relaxen. Es gibt aber auch ein Freibad, einen Fußball- und einen Cricketplatz.

Hackney, E8 3EU, British Rail: London Fields

Auf dem Treidelpfad

Regent's Canal 🕮 nördl. B–G 1

Der Treidelpfad am Regent's Canal zählt zu Londons bestgehüteten Geheimnissen. Von Little Venice aus können Sie in einer knappen Stunde am Kanal entlang Richtung Camden Lock wandern. Nur bei der Edgware Road müssen Sie den Treidelpfad kurz verlassen, um den Maida Hill Tunnel zu überqueren. Glauben Sie mir, Sie erleben ein ganz anderes London.

U: Warwick Avenue

Musikalische Pause

Mittagskonzerte

Seit eh und je entspannen die Londoner bei einem der vielen Mittagskonzerte in einer Kirche. In der Anfang des 18. Jh. von dem großen Barockarchitekten James Gibbs erbauten **St Martin in the Fields** am Trafalgar Square oder in **St James's** am Piccadilly Circus. Auch ein Orgelkonzert in Londons ältester Kirche, **All Hallows by the Tower,** lohnt einen Besuch. Oft sind diese Veranstaltungen kostenlos, die Veranstalter freuen sich aber über eine kleine Spende. Nach dem Konzert können Sie Ihr Besichtigungsprogramm in alter Frische wieder aufnehmen.

www.stmartin-in-the-fields.org, http://www.sjp.org.uk/concerts.html, www.allhallowsbythetower.org.uk

Im Schlaf Geld ausgeben

London ist das beliebteste Ziel ausländischer Gäste auf der Insel. Hotels aller Kategorien sind ständig ausgebucht, obwohl die Preise teils astronomisch hoch sind. Doch der Preis ist keine Garantie für Qualität. Lassen Sie sich auch nicht durch die Anzahl der Sterne blenden! Die Kriterien für ihre Vergabe entsprechen oft nicht denen auf dem Kontinent.

Doch wie geht es weiter auf dem Hotelmarkt nach dem Brexit? Noch nie war es so schwer, eine Voraussage zu treffen. Werden weniger Touristen nach London kommen? Klettern die Übernachtungspreise weiter? Oder lässt eine Bettenüberkapazität womöglich die Preise purzeln?

In den vergangenen Jahren lief noch alles recht gut: So sorgten 2012 die olympischen Sommerspiele und 2016 der Rugby World Cup für einen zusätzlichen Besucherstrom. Aber die Warnglocken waren auch im Jubel nicht zu überhören. Die Griechenlandkrise und mit ihr die Eurokrise verlangsamten das Wachstum im Tourismussektor.

Präziser ausgedrückt: Es kommen nicht weniger Besucher, aber sie bevorzugen neue Formen der Übernachtung. Unternehmen wie Airbnb wurden plötzlich ein Begriff. In den Privatunterkünften zahlen Sie deutlich weniger, müssen allerdings gelegentlich auch bereit sein, sich um die Katze der Besitzer zu kümmern. Hotels und B&Bs müssen umdenken, zumal ihre Profitmarge durch neue Arbeitsmarktregeln immer geringer wird.

Im Pavilion Hotel ist kein Zimmer wie das andere, aber ein schräges Design zeichnet alle aus.

ZUM SELBST ENTDECKEN

www.londontown.com: Auf der Website können Sie Hotels gezielt nach Lage oder Kategorie auswählen und mit der ›London Hotel Map‹ auf dem Stadtplan suchen.
www.weknowlondon.com: Das übersichtlich gestaltete Touristenportal nennt günstige Tagesangebote sowie eine große Palette an Hotels. Vor Ort unterstützt Sie ein Serviceteam bei der Hotelsuche. Schalter am Flughafen Heathrow, an den Bahnhöfen St Pancras International und Victoria Station sowie in der Cockspur Street am Trafalgar Square.
www.laterooms.com: Große Ersparnisse sind möglich bei der Buchung über diesen Dienst.
www.hotel.de: Diese deutsche Site hat ein umfangreiches Angebot, das auch günstigere Hotels am Stadtrand einschließt.
www.homeaway.co.uk: Eine Alternative zu Airbnb mit attraktiven Angeboten.

Frühstücken wie die Briten
Blandford Hotel ⌂ B 1

Das gemütliche kleine Hotel mit 34 Zimmern versteckt sich in einer erstaunlich ruhigen Straße mitten im Zentrum. Große viktorianische Apartmenthäuser schirmen hier den Lärm der Hauptverkehrsstraßen ab. Allein schon wegen seiner hervorragenden Lage ist das Blandford sehr beliebt, das üppige englische Frühstück trägt selbstverständlich auch dazu bei. Das Management stellt Ihnen auf Wunsch jeden Tag frische Blumen ins Zimmer. Die Chiltern Street befindet sich ganz in der Nähe der Baker Street mit ihren vielen Geschäften, dem Wachsfigurenkabinett Madame Tussaud's und dem Sherlock Holmes Museum. Gleich um die Ecke gibt es eine Reihe guter Sandwich-Bars und Restaurants. Zum Regent's Park ist es auch nicht weit. Das nur, falls Sie zu den Leuten gehören, die gern morgens eine Runde joggen gehen.

80 Chiltern Street, W1U 5AF, T 020 74 86 31 03, www.capricornhotels.co.uk/hotel_blandford, U: Baker Street, DZ ab £150 inkl. Frühstück

Der Name ist Programm
Arosfa ⌂ E 1

Arosafa ist Walisisch und meint Ruheplatz. In dem 200 Jahre alten georgianischen *town house* finden Sie nach einem anstrengenden Besichtigungs- oder Shopping-Tag in London eine angenehme Zuflucht. Sogar ein kleiner Garten ist vorhanden. Früher wohnte hier der berühmte präraffaelitische Maler John Everett Millais. Das British Museum, die British Library und das Univiertel sind leicht zu Fuß zu erreichen. In dieser Gegend gibt es auch eine ganze Reihe von kleinen Antiquariaten, z. B. in der Great Russell Street. Die Zimmer sind zum Teil klein, aber absolut sauber, zudem für Londoner Verhältnisse und die zentrale Lage preiswert. Buchen Sie möglichst ein Zimmer nach hinten, da die Gower Street stark befahren ist.

83 Gower Street, WC1E 6HJ, T 020 76 36 21 15, www.arosfalondon.com, U: Goodge Street, Russel Square, DZ ab £165 inkl. Frühstück, anstelle eines Hinterhofs ein keiner Garten.

Kompaktes, cleveres Design
Hub London Covent Garden
⌂ Karte 2, F 3

Es war zu erwarten, dass das japanische Konzept der Hub-Hotels auch Einzug in London halten würde. Wenn Sie Ihr Geld lieber für andere Genüsse ausgeben wollen als fürs Schlafen, dann sind Sie in diesem Hotel genau richtig. Ambiente null, dafür technisch in jeder Hinsicht up-to-date, u. a. mit Smart TV und superschnellem WLAN. Die Gäste können im hauseigenen Deli frühstücken, ab 11 Uhr werden komplette Mahlzeiten serviert.

110 St Martin's Lane, WC2N 4BA, www.hubhotels.co.uk, U: Leicester Square, Charing Cross, DZ ab £69, nur Online-Buchung

Alles andere als langweilig
Pavilion Hotel ⌂ A 2

Ein völlig verrücktes Haus. Kein Luxushotel und sicherlich nicht jedermanns Geschmack, aber das Konzept der Geschwister Danny und Noshi Karne ist so irre, dass die beiden sich nicht über mangelnde Star-Kundschaft beklagen können. Jedes der 30 Zimmer hat ein Motiv und ist dementsprechend eingerichtet: ›Honky Tonk Afro‹ soll an die 1970er-Jahre erinnern. ›Enter The Dragon‹ ist eine mysteriöse Mischung orientalischer Schätze, das ›Flower-Power‹-Zimmer ist mit Rosen übersät, während ›Cosmic Girl‹ sehr kühl wirkt. Diese Unterkunft ist eindeutig OTT *(over the top)* – und gerade deswegen ist es gern als Kulisse für Modefotografen gefragt.

34–36 Sussex Gardens, W2 1UL, T 020 72 62 09 05, www.pavilionhoteluk.com, U: Edgware Road und Paddington, EZ ab £69, DZ ab £110 inkl. Frühstück

Individuelle Note
Lime Tree Hotel ⌂ C 6

Nördlich der verkehrsreichen Buckingham Palace Road beginnt das Nobelviertel Belgravia mit teils sehr eleganten, typisch englischen Straßenzügen. Hier befindet sich das seit 1979 familiengeführte Lime Tree Hotel in einem komplett renovierten hübschen Haus im englischen *cottage style.* Es wirbt mit individueller Atmosphäre und 25 schick

Im Fielding Hotel sind die Zimmer zwar klein, aber gerade noch erschwinglich.

eingerichteten Zimmern, die mit jedem Drei-Sterne-Hotel mithalten können. Selbst ein idyllischer Rosengarten fehlt nicht. Damit die Idylle ungestört bleibt, sind Kinder unter fünf Jahren allerdings nicht willkommen. Ob wohl der Wunderknabe Mozart, der 1764 mit Vater und Schwester in unmittelbarer Nachbarschaft lebte, akzeptiert worden wäre? In London schrieb der kleine ›Wolferl‹ seine ersten beiden Sinfonien.

135–137 Ebury Street, SW1W 9QU, T 020 77 30 81 91, http://limetreehotel.co.uk, U: Victoria, DZ ab £160 inkl. Frühstück

Am Puls der Zeit

Bermondsey Square Hotel L 5

Ein neues Hotel auf der Südseite der Themse in Bermondsey, einem Viertel, das immer interessanter für Besucher wird. Tower Bridge, Tate Modern und The Shard ebenso wie Bermondsey Antique Market und Borough Market liegen in Laufnähe. Außerdem finden Sie hier interessante Restaurants, angesagte Bars und Clubs sowie Galerien und Boutiquen. Das Haus verfügt über 90 Zimmer in modernem Look. Die Restaurant-Lounge ist allgemein zugänglich, es gibt Frühstück, britisch inspirierte Tagesgerichte und Kuchen sowie als Extraservice Tee und Kaffee gratis.

Bermondsey Square, Tower Bridge Road, SE1 3UN, T 020 73 78 24 50, www.bermondseysquarehotel.co.uk, U: London Bridge, DZ ab £131

Komfortabel, aber eng

The Fielding Hotel Karte 2, F 2

Für die Lage ist das Fielding ungeheuer preiswert: Es liegt schräg gegenüber der Königlichen Oper und es sind nur ein paar Schritte bis Covent Garden – einer der *places to be* in London. Viele Zimmer sind zwar winzig, aber ansprechend eingenrichtet und komfortabel. Eigene Dusche je Zimmer versteht sich von selbst. Als kleines Extra haben die Gäste freien Zugang zum Covent Garden Fitness and Well Being Centre. Fragen Sie nach dem Gutschein an der Rezeption. Im Hotel wird kein Frühstück serviert, aber das ist in dieser Gegend kein Problem. Kinder unter sechs Jahren sind nicht willkommen.

4 Broad Court, Bow Street, WC2B 5QZ, T 020 78 36 83 05, www.thefieldinghotel.co.uk, U: Covent Garden, DZ ab £140

Multifunktional

The Culpeper östl. M 2

Wer schon einmal vor zehn Jahren in London war, wird überrascht sein, wie sehr sich das East End verändert und zum In-Viertel gemausert hat. Das Culpeper ist ein Beweis dafür. In dem hübsch restaurierten Eckhaus geht's nicht nur darum, ein Bett für die Nacht zu finden. Auf Straßenebene wartet der Ground Floor Pub mit rustikal-coolem Ambiente, einer guten Auswahl an *craft beers* sowie einer kleinen Lunch- und Dinnerkarte auf. Wer gepflegt speisen möchte, geht in die Kitchen in der ersten Etage. Auf der zweiten Etage lädt ein B&B mit fünf unvollendet schön dekorierten Zimmern, alle mit Dusche, für die Nacht ein. Zum Teil sind die Wände ohne Tapete, aber was macht das schon? Ganz oben auf dem Dach wachsen Gemüse und Kräuter in Hochbeeten, dazwischen gibt es Terrassenplätze und ein Treibhaus mit einer Bar. Wem das Angebot des Culpeper nicht genügt: Brick Lane ist um die Ecke, der Old Spitalfields Market ebenso nah wie Liverpool Street Station.

40 Commercial Street, E1 6LP, T 020 72 47 53 71, www.theculpeper.com, U: Aldgate East, DZ £120 inkl. Frühstück

Stadtzentrum zu Stadtrandpreisen

Z Hotel Soho Karte 2, E 2

Hotel und Konzept sind ziemlich neu, inzwischen gibt es Z sechsmal in London. Jedes der 10–12 m² großen Zimmer hat seine hypermoderne Nasszone hinter satinierten Glasscheiben sowie für Gäste, die nicht einschlafen können, einen großen Flachbildschirm, selbstverständlich mit iPod und iPhone Docking Station. Aber eigentlich sollten Sie sich hier so wenig wie möglich aufhalten, denn das Z liegt mitten im Ballungsgebiet von Restaurants, Theatern, Clubs, Geschäften und Kinos zwischen Soho und Chinatown. Obendrein zahlen Sie hier für die Übernachtung einen Preis, den Sie kaum in den Londoner Vorstädten finden.

17 Moor Street, W1D 5AP, T 020 35 51 37 00, www.thezhotels.com, U: Tottenham Court Road, Leicester Square, DZ ab £75

Faire Preise

The Hoxton nördl. M 1

Im Stadtteil Hoxton nahm die Gentrifizierung des East End ihren Anfang. Hierher zogen die Young British Artists auf der Suche nach leer stehenden, preisgünstigen Lagerhallen und Stapelhäusern. Wer heute die Straßen von Hoxton betritt, erkennt sehr schnell, dass die Makler und Spekulanten gewonnen haben. Aber das Hotel The Hoxton, fünf Minuten vom Hoxton Square entfernt in Shoreditch, beweist seit 2006, dass Geld nicht alles ist. Sie können hier übernachten, ohne erst ein Darlehen bei Ihrer Bank zu beantragen, sollten aber frühzeitig im Internet buchen. Das Hotel ist modern, aber schlicht und vermittelt den Eindruck, dass man nicht übers Ohr gehauen wird. Das liegt vielleicht auch daran, dass der Hausherr Sinclair Beecham die erfolgreiche Sandwich-Kette Pret-à-Manger mitbegründet hat.

81 Great Eastern Street, EC2A 3HU, https://thehoxton.com, U: Old Street, DZ ab £120 inkl. Frühstückskorb, WLAN und Telefon kostenlos

In der Lobby des Hoxton geht es locker zu.

Europas verkannte Gourmet-Metropole

Der britische Schriftsteller Somerset Maugham schrieb einmal: »To eat well in England you should have breakfast three times a day.« Noch immer hält sich hartnäckig das Vorurteil, dass man in London grundsätzlich nur schlechtes Essen serviert bekommt. Das stimmt schon lange nicht mehr!

Das Angebot an Restaurants ist phänomenal. Fast jede *cuisine* der Welt ist vertreten, manche gleich viele Hundert Mal. Die japanische Küche hat enorm an Popularität gewonnen. Auch werden immer mehr vegetarische Restaurants eröffnet, die nicht etwa Pseudo-Würstchen anbieten, sondern Mut zu einfallsreichen, echt vegetarischen Gerichten haben. Veganer ziehen nach. Natürlich kommen auch experimentierfreudige Gaumen in London auf ihre Kosten – und das in zweifacher Hinsicht. Das lukullische Vergnügen hat nämlich seinen Preis. Bei Lokalen wie St John's und Ottolenghi muss daher wahrscheinlich der Blick auf die Speisekarte vor der Tür reichen.

Die Briten nehmen ihre Hauptmahlzeit abends ein und gehen außer sonntags auch meist abends zum Essen aus. Dennoch sind die Restaurants im Stadtkern mittags rappelvoll, in erster Linie mit Geschäftsleuten und Touristen. Tagsüber genügen den meisten Londonern ein Sandwich, *crisps* (Chips) und Schokoriegel. Gesundheits- oder kalorienbewusste Londoner greifen zu Salaten, Früchten oder Sushi.

Jamie's Italian – hier lässt der Fernsehstar kochen.

ZUM SELBST ENTDECKEN

Soho und **Covent Garden** heißen Londons etablierte ›Essecken‹. In **Spitalfields** in der City of London und in **Bermondsey** am südlichen Themse-Ufer hingegen tobt gerade das Neue. Dazwischen liegen unzählige Gebiete, in denen es sich lohnt, ein bisschen herumzuschnuppern: **Queensway** zum Beispiel am östlichen Rand von Notting Hill oder die **Fulham Road** in **Chelsea.** Doch in London gilt: Restaurants verschwinden so schnell wieder, wie sie gekommen sind. Was das Outfit angeht, so sind Jeans und Turnschuhe in besseren Lokalen verpönt.

Trinkgeld: In aller Regel beinhaltet die Rechnung bereits eine *service charge.* Wenn Sie besonders gut umsorgt wurden, können Sie natürlich einen zusätzlichen *tip* geben. Am besten in bar, damit er auch bei der Bedienung ankommt.

SO BEGINNT EIN GUTER TAG IN LONDON

Echtes englisches Frühstück

Riding House Café Karte 2, D 2
Die Bezeichnung Café trifft auf das Riding House nicht ganz zu. Zu bestimmten Tageszeiten gleicht es eher einer modernen Brasserie. Das heißt, man bekommt den ganzen Tag durchgehend irgendetwas zu essen. Es herrscht eine gemütliche Atmosphäre und die Bedienung bleibt freundlich, selbst wenn der Laden rappelvoll ist. Auf der Frühstückskarte steht noch immer das *»Full English«,* das richtige, englische Frühstück mit allem Drum und Dran. Mittags und abends sind dann Steaks und Hamburger angesagt oder auch Seehecht und Seezunge.

43–51 Great Titchfield Street, W1W 7PQ, T 020 79 27 08 40, www.ridinghousecafe.co.uk, U: Oxford Circus. Mo–Fr 7.30–22.30, Sa/So 9–23 Uhr, Full English £14,50, HG ca. £14,50

Original Bombay Café

Dishoom Karte 2, F 3
Wie wäre es mit einem indischen (bzw. persischen) Frühstück? Gesund, vegetarisch und bio mit Früchten, Joghurt und knusprigem Müsli. Sie können aber auch zuschlagen mit Eiern und Speck *(bacon naan roll),* Bombay-Omelette mit gebratenen Tomaten oder einem scharfen Hühnercurry *(keema per edu).* Wenn Sie später am Tag im Dishoom einkehren, dann lassen Sie sich von den vielen kleinen Speisen verführen und von der Atmosphäre eines Original Bombay Café. Diese Cafés wurden von persischen Immigranten in Bombay betrieben und dienten als multikulturelle Treffpunkte für jedermann. Dort saßen reiche Geschäftsleute neben schwitzenden Taxifahrern, Intellektuelle neben Arbeitern. Und inzwischen gibt es fünf Filialen.

12 Upper St Martin's Lane, WC2H 9FB, T 020 74 20 93 20, www.dishoom.com, U: Leicester Square, Mo–Do 8–23, Fr 8–24, Sa 9–24, So 9–23 Uhr, Frühstück ca. £5,50, HG ca. £8

Espresso, Cappuccino & Co.

Carluccio's Caffè Karte 2, D 2
Der 2017 verstorbene Antonio Carluccio kam 1975 nach London. Er galt als der *»godfather«* der italienischen Gastronomie. Das Café am Market Place war 1999 das erste einer Kette von Lokalen mit angeschlossenem Delikatessengeschäft. Obwohl enorm erfolgreich hatte er sich, ähnlich wie Jamie Oliver, übernommen. Viele Filialen mussten schließen. Market Place wird erhalten bleiben und mit seiner freundlichen, entspannten Atmosphäre und den italienischen Spezialitäten weiterhin begeistern.

8 Market Place, W1W 8AG, T 020 76 36 22 28, www.carluccios.com/caffes/market-place, U: Oxford Circus, Mo–Fr 7.30–23.30, Sa 9–23.30, So 9–22.30 Uhr, Frühstück ca. £8, Pasta ca. £10, HG ca. £16

WO ESSEN AUF NACHHALTIGKEIT TRIFFT

Das Auge isst mit

Manna nördl. D 1
Englands ältestes vegetarisches Restaurant – 1967 gegründet – erfreut sich großer Beliebtheit. Das Ambiente ist eleganter als in den meisten anderen Veggie-Restaurants. Auf den Tisch kommt beste *gourmet vegetarian cuisine,* garantiert 100 % vegan und gekonnt angerichtet. Eine Einkehr bietet sich an nach einem Besuch von Camden Market, dem Primrose Hill oder Regent's Park.

4 Erskine Road, NW3 3AJ, T 020 77 22 80 28, www.mannav.com, U: Chalk Farm, Di–Fr 12–15, 18.30–22, Sa 12–15, 18–22, So 12–20.30 Uhr, kleine Speisen ca. £7, HG ca. £15

Allrounder

Bluebird westl. A 8
Von der U-Bahnstation am Sloane Square führt ein guter Spaziergang die lebendige King's Road hinunter zum Bluebird. In einer weiß getünchten ehemaligen Werkhalle der Bluebird Motor Company betreibt es Bar, Café, Restaurant, Feinkostgeschäft, Weinhandlung und eigene Bäckerei in

LUNCH IM MUSEUM

Fast alle Museen haben inzwischen Restaurants oder Cafés. Da der Konkurrenzkampf stark zugenommen hat, ist die Qualität meist sehr gut. Ein weiterer Vorteil: Es ist oft ruhig und in manchen, wie zum Beispiel in der Tate Modern (s. Bild) oder der National Portrait Gallery, genießen Sie darüber hinaus auch einen tollen Ausblick.

mehreren Räumen über zwei Etagen verteilt. Große Sprossenfenster und weiße Eisenstreben verleihen dem Lokal eine ganz spezielle Atmosphäre. Das preislich weit gefächerte Speisenangebot konzentriert sich auf moderne europäische Küche. Vor allem aber dient das Bluebird als Treffpunkt der Bewohner der umliegenden zum Teil sehr hübschen, kleinen Straßen. Im Sommer sitzen die Gäste gerne draußen – Sehen und Gesehenwerden ist angesagt.

350 King's Road, SW3 5UU, T 020 75 59 10 00, www.bluebird-restaurant.co.uk, U: Sloane Square, Restaurant: Mo–Fr 12–14.30, Sa, So 12–15.30, Mo–Sa 18–22.30, So 18–21.30 Uhr, Bar: Mo–Do 12–24, Fr, Sa 12–1, So 12–22.30 Uhr, Café: Mo–Fr 8–23, Sa 9–23, So 9–21 Uhr, 2-Gang-Menü ab £20

Wie von Mutter gekocht

Mildreds Karte 2, E 3

Kaum zu glauben, dass Mildreds bereits seit 1988 in Soho vegetarisch kocht. Inzwischen haben sogar Filialen in Camden, King's Cross und Dalston eröffnet. Mildreds ist entspannt, gemütlich, oft proppenvoll – eben wie daheim am mütterlichen Küchentisch. Sie können zwar nicht reservieren, aber die Wartezeit bei einem Getränk an der Bar überbrücken und sich beim Blick auf die Karte schon auf Ihr gesundes und achtsam zubereitetes Gericht freuen.

45 Lexington Street, W1F 9AN, T 020 74 94 16 34. www.mildreds.co.uk, U: Oxford Circus, Piccadilly Circus, Mo–Sa 12–23 Uhr, HG £12

Fleischlos mit Pfiff

Saravanaa Bhavan Karte 2, F 3

Wenn Sie interessant gewürzte vegetarische Kost probieren möchten, ist das Saravanaa Bhavan genau das Richtige. Es bietet südindische Küche, die traditionell vegetarisch, preiswert und in ihrer Vielfalt ein wahres Erlebnis ist. Es gibt jetzt einen Ableger der international agierenden Kette nicht weit von der National Gallery. Ich bin sicher, Sie werden nicht enttäuscht sein. Die Auswahl überwältigt und erschwert die Entscheidung, so lassen Sie sich beraten. Der Service ist effizient, aber freundlich. Für einen romantischen Abend eignet sich das Restaurant allerdings nicht.

17 Charing Cross Road, WC2H 0EP, T 020 88 39 87 97, www.saravanabhavan.com, U: Leicester Square, tgl. 10–22.30 Uhr, HG unter £10

Fernost im Westend

Mitsuryu Karte 2, E 3

Am Newport Place eröffnete im Sommer 2018 das kleine japanische Restaurant Mitsuryu. Man kann sich sein Menu zu einem reduzierten Fixpreis nach eigenen Vorstellungen zusammenstellen, das Sushi ist excellent. Geboten wird also erstklassige Qualität, aufmerksame Bedienung und ein angenehm relaxtes Ambiente.

9 Newport Place, WC2H 7JR, T 020 72 87 33 28, www.mitsuryu.co.uk, U: Leicester Square, tgl. 11–22.30 Uhr, HG ab £10

INSTITUTIONEN UND SZENETREFFS

Für Fleischesser

Tom's Kitchen A 7

Das Lokal liegt in einer typischen Chelsea Seitenstraße zwischen King's Road und Fulham Road. 2006 zog Sterne-Koch Tom Aikens in das ehemalige Pub The Blenheim ein. In seiner englischen Brasserie paart sich gutes Essen mit guter Atmosphäre. Und zwar schon ab dem Frühstück. Kinder bekommen bei Tom's ihre eigene Speisekarte. Samstag und Sonntag wird ein üppiger Brunch aufgefahren (Reservierung empfohlen). Ein Besuch lohnt sich!

27 Cale Street, SW3 3QP, T 020 73 49 02 02, www.tomskitchen.co.uk, U: Sloane Square, South Kensington, Mo–Fr 9–11, 12–14.30, 18–22.30, Sa, So Brunch 9.30–15.30, 18–21 Uhr, HG ca. £20

Fischküche in der Metzgerei

Randall & Aubin Karte 2, E 3

Das 1911 von Morin Randall und Cavenur Aubin als Metzgerei/Fleischerei eröffnete Geschäft wurde 1996 von zwei Restaurateuren übernommen, die so viel wie möglich von der ursprünglichen Inneneinrichtung und Ausstattung übernahmen. Heute ist es eine Champagner- und Austern-Bar, in der aber auch Fisch- und Fleischgerichte serviert werden. Vielleicht sollten Sie traditionelle *fisch & chips* probieren mit Erbsenpüree und *sauce tartare* oder die mit Aprikosen und Rosmarin gefüllte Lammkeule.

16 Brewer Street, W1F 0SQ, T 020 72 87 44 47, 020 74 78 05 07 (Straßenverkauf), 020 74 78 05 04 (Mittagsreservierungen), www.randallandaubin.com, U: Piccadilly Circus, Mo–Do 12–23, Fr–Sa 12–24, So 12–22 Uhr, Fisch ca. £15,50, Fleisch ca. £19

On the top

Coq d'Argent K 2

Wen würde es nicht reizen, auf einer Dachterrasse mitten in der City zu sitzen und auf ehrwürdige alte Gebäude oder protzige neue Wolkenkratzer zu blicken? Wenn Sie die typisch jung-dynamischen, gut betuchten und erfolgreichen *beautiful people* der City treffen wollen, dann sollten Sie an einem sonnigen Nachmittag in den Coq d'Argent gehen und ein Gläschen Champagner mit Investmentbankern, Hedge-Fonds-Managern und Anwälten trinken. Lassen Sie sich von der Schlange nicht abschrecken. Sind Sie oben angekommen, können Sie einen Gin and Tonic genießen oder auch mal ein Glas Pimms versuchen – der traditionelle britische Sommer-Drink. Im Restaurant liegt der Akzent bei Fischgerichten. Vegane und glutenfreie Gerichte stehen ebenfalls auf der Karte.

1 Poultry, EC2R 8EJ, T 020 73 95 50 00, www.coqdargent.co.uk, U: Bank (Exit 9), Brasserie: Frühstück Mo–Fr 7.30–10, Mittag Mo–Fr 11.30–15, So 12–15, Abend Mo–Fr 18–22, Sa 18.30–22 Uhr, Bar: Mo–Fr 11.30–23, Sa 18.30–23, So 12–17 Uhr, 2-Gang-Menü ab £33

Tapas und mehr

José Pizarro L 5

Der spanische Küchenchef hat sich mit dem Pizarro Restaurant und José Tapas Bar fest auf der Bermondsey Road etabliert. Seine Tapas-Bar ist ein absoluter Renner. Man kann keinen Tisch reservieren. Das führt in den Hauptessenszeiten regelmäßig zu langen Wartezeiten. Kommen Sie am Mittag einfach etwas später und am Abend früher. Es gibt viele kleine Gerichte, die zwischen £5,50 und £7 kosten – mal abgesehen vom *jamón ibérico*. Ein paar Schritte weiter verwöhnt das Restaurants mit spanischen

Ü
ÜBRIGENS

Wundern Sie sich nicht, wenn Restaurants keine alkoholischen Getränke ausschenken. **Alkoholverkauf** ist in Großbritannien streng geregelt und nicht jedes Restaurant erhält automatisch eine *licence*. Sie dürfen aber Ihre eigene Flasche Wein mitbringen. Das Restaurant berechnet dafür eine *corkage fee*, also einen Obolus von ein paar Pfund für das Öffnen der Flasche.

Spezialitäten. Beim letzten Besuch hat die Lammkeule sehr gut geschmeckt!

www.josepizarro.com, U: London Bridge, Borough; Tapas-Bar: 104 Bermondsey St, SE1 3UB, Mo–Sa 12–22.15, So 12–17.15 Uhr, Tapas ca. £8; Restaurant: 194 Bermondsey Street, SE1 3TQ, T 020 73 78 94 55, Mo–Sa 12–22.45, So 12–21.45 Uhr, HG ca. £23

Jüdische Küche

Harry Morgan nördl. D 1

Am nordwestlichen Rand vom Regent's Park, wenige Schritte vom Lord's Cricket Ground entfernt, befindet sich die St John's Wood High Street. Sie galt immer als Hochburg der arrivierten Juden. Harry Morgan eröffnete hier 1948 einen kleinen Laden, in dem man Imbisse zum Mitnehmen kaufen konnte. Im Lauf der Jahre entwickelte sich diese Imbissbude zum größten Londoner Deli-Restaurant nach New Yorker Vorbild. Harry Morgan bietet beste preiswerte ›haimische‹ Küche: Hühnersuppe mit *krep lach, salt beef, gefilte fish, pastrami kreplach sandwich.*

31 St John's Wood High Street, NW8 7NH, T 020 77 22 18 69, www.harryms.co.uk, U: St John's Wood, Mo–Fr 9–22.30, Sa, So 12–22.30 Uhr, Chicken Soup £6,95, Sandwich £11,95, Classic Hamburger £11,95

Pasta macht glücklich

Jamie's Italian Karte 2, F 3

Der Starkoch Jamie Oliver hat sich mit seine Expansion ein bisschen übernommen. Eine Reihe seiner ›Nachbarschafts-Restaurants‹ mussten schließen. Aber dieses profitiert von seiner Lage in Covent Garden. Auf der Karte stehen vor allem rustikale Gerichte mit saisonalen Zutaten, die Pasta wird täglich frisch gemacht. Die Atmosphäre ist relaxed und fröhlich.

11 Upper St Martin's Lane, WC2H 9FB, T 020 33 26 63 90, www.jamieoliver.com, U: Leicester Square (Ausgang: Cranebourne Street), Mo–Do 11.30–22.30, Fr, Sa 11.30–23, So 11.30–22.30 Uhr, HG ab £11

Frisch aus dem Ozean

J. Sheekey Karte 2, F 3

Eigentlich sollten Fischrestaurants ja zu den Vorzeige-Lokalen der britischen Insel gehören. Leider ist das aber so gut wie gar nicht der Fall. Eine Handvoll etablierter (und oft teurer) Restaurants kann sich jedoch sehen lassen. J. Sheekey, eines der ältesten Restaurants Londons, gehört dazu. 1896 wurde es gegründet. Im Speisesaal herrscht eine sehr gediegene englische Atmosphäre. Für Seafood-Fans

Die Terrasse von J. Sheekey – ein Ort zum Sehen und Gesehenwerden

ist Sheekey's ein Paradies. Es gibt aber auch *fish & chips* zu erschwinglichen Preisen und auch eine Oyster Bar, deren Atmosphäre fast schon als entspannt bezeichnet werden kann.

28–32 St Martin's Court, WC2N 4AL, T 020 72 40 25 65, www.j-sheekey.co.uk, U: Leicester Square, Mo–Fr 12–15, 17–24, Sa 12–15, 17.30–24, So 12–15.30, 17.30–22.30 Uhr, Oyster Bar: Mo–Sa 12–24, So 12–23 Uhr, HG £17,30–£44

Nichts für Suppenkasper

Cây Tre Soho Karte 2, E 2

Für Londons Liebhaber der vietnamesischen *cuisine* sind das Cây Tre in der Old Street und das zur selben Gruppe gehörende Viet Grill in der Kingsland Road längst feste Begriffe. Der neue Ableger in Soho bieten die gewohnte Qualität, aber die Speisekarte ist erstaunlicherweise nicht so umfangreich. Schweinefleisch gehört zu den wichtigsten Zutaten, aber auch Mekong-Wels. Oder versuchen Sie einfach das vietnamesische Nationalgericht *pho* (sprich: Fuh), eine Brühe mit Huhn *(pho gà)* oder Rind *(pho bò),* Reisbandnudeln und frischen Kräutern.

42–43 Dean Street, W1D 4PZ, T 020 73 17 91 18, www.thevietnamesekitchen.co.uk, U: Piccadilly Circus, Tottenham Court Road, Mo–Do 11.30–23, Fr, Sa 11.30–23.30, So 11.30–22 Uhr, HG ca. £10

Gute alte Zeiten

boho mexica M 1

Mexikanische Küche, mexikanische Cocktails und mexikanisches Bier sind ›in‹, die Popularität von boho mexica beweist dies. An der Commercial Street machen immer mehr Restaurants, Geschäfte und lärmige Pubs auf. Auch das boho mexica ist laut, aber urgemütlich. Mexikanische Zeitungen aus den 1930er- bis 1950er-Jahren und Filmplakate schmücken die Wände, auch die Musik orientiert sich am Sound dieser Jahre. Das Personal ist sehr hilfsbereit und freundlich.

151–153 Commercial Street, E1 6BJ, T 020 73 77 84 18, www.bohomexica.com, U: Shoreditch High Street, Aldgate East, Liverpool Street, Mo–Di 17.30–22, Mi–Do 17.30–23, Fr 12–14.30, 17.30–23.30, Sa 17.30–23.30, So 12–16, 17–22.30 Uhr, Tacos £7,50, HG ca. £15

Idyllische ›Essecke‹

Shepherd Market C 4

Shepherd Market im Londoner Nobelviertel Mayfair ist eine sehr pittoreske Fußgängeridylle mit kleinen Geschäften, Cafés, Sandwich-Bars, Bistros und Restaurants unterschiedlicher Nationalitäten sowie alten Pubs. Im Sommer sitzt es sich herrlich idyllisch und fast schon romantisch auf den Terrassen. Der Platz scheint weit weg von allem hektischen Trubel und nervigen Lärm zu sein. Schafe wurden hier allerdings nie gehütet oder verkauft. Edward Shepherd war im 18. Jh. ein bekannter Architekt und Baulöwe.

parallel zur Curzon Street, W1J 7QU, www.shepherdmarket.co.uk, U: Green Park

Spanische Häppchen

Copita Karte 2, E 2

Das ›Gläschen‹ befindet sich in einer kleinen Seitenstraße zwischen der Wardour und der Poland Street. Hier werden echte Tapas angeboten – Drei-Vier-Bissen-Tapas in großer Auswahl. Das reicht als Gaumenkitzel. Selbstverständlich gibt es auch vegetarische Leckerbissen. Dazu können Sie Wein, Sherry und Sekt auch glasweise bestellen. Abends ist das Copita gerammelt voll, auch auf der Straße drängeln sich die Gäste. Freitagabend sollte man vielleicht meiden.

26–27 D'Arbley Street, W1F 8ET, T 020 72 87 77 97, www.copita.co.uk, U: Oxford Circus, Tottenham Court Road, Mo–Fr 11–2, Küche 12–16, 17.30–22.30 Uhr, Tapas £2,50–8,25

Klein aber oho

Oystermen Karte 2, F3

Es ist (noch) sehr klein, mit seinen acht Tischen beinah winzig. Aber das Lokal hat vor allem unter Fisch-Liebhabern einen guten Ruf. Die »Austernfischer« von Covent Garden haben ganz bescheiden als *Pop Up-Lokal* angefangen und jetzt gehört ihre »Seafood Bar and Kitchen« zu den angesagtesten Fischrestaurants Londons und das mitten im Szeneviertel

rund um die ehemaligen Markthallen. Matt und Rob beschreiben ihre diversen Meerestiere mit viel Witz und Humor. Zu empfehlen sind sämtliche Austerngerichte, köstlich schmeckt eine Portion »Whitebait« und ausgesprochen lecker ist sogar der Rollmops. Da der Andrang groß ist, sollte man unbedingt reservieren.
32 Henrietta Street, WC2E 8NA, T 020 72 40 44 17, https://oystermen.co.uk, U: Covent Garden, Leicester Square, Mo–Sa 12–15, 17–22, So 12–16 Uhr, HG ab £19

EXPERIMENTIERFREUDIG UND UNGEWÖHNLICH

Meer trifft Weide

Burger & Lobster D 4
Sie haben die Wahl zwischen frisch gegrillten Hamburgern oder Hummer. Die Auswahl ist begrenzt, und so kann man sich schnell entscheiden und bedauert diese Entscheidung selten. Also: entweder Hamburger aus 100 % Fleisch von grasgefütterten irischen und maisgefütterten Nebraska-Rindern oder Hummer aus Kanada – gedünstet oder gegrillt. Dazu jeweils Salat und Fritten. Green Park und Hyde Park sind weniger als fünf Minuten entfernt.
29 Clarges Street, W1J 7EF, T 020 74 09 16 99 (Tischreservierung nur So), www.burgerandlobster.com, U: Green Park, Hyde Park Corner, Mo–Sa 12–22.30, So 12–20 Uhr, HG £14–£40

PIES, BANGERS & MASH

Jahrzehntelang hat die britische Küche bei Feinschmeckern nur ein mildes Lächeln hervorgerufen. Aber inzwischen gibt es Restaurants, in denen traditionelle Rezepte von der Insel hervorragend zubereitet werden. »Pies«, »Bangers and Mash« oder »Puddings« der verschiedensten Arten gehören dazu. Das erfährt man am besten einfach selbst, z. B. im **Holborn Dining Room** (Karte 2, G 1/2, 252 High Holborn, WC1V 7EN. T 020 3747 8633. www.holborndiningroom.com, U Holborn, tgl. 7–22.30 Uhr, Pork Pie £20. Die Gerichte werden frisch zubereitet, man sollte deshalb nicht in Eile sein, kann sich derweil aber an Atmosphäre und Dekor im Speisesaal erfreuen. Dieser erinnert an eine altmodische Pariser Brasserie.

Kochen als Event

Counter Culture südl. C 8
Der Name ist Programm. Die Gäste sitzen an einem Tresen *(counter)* und schauen zu, wie die Köche am Herd wirbeln. 14 Plätze gibt es nur, bei Sonnenschein zusätzlich ein paar Tische im Freien. Im Moment müssen Sie Ihren Wein selbst mitbringen. Aber Achtung, es handelt sich um eine *pintxos*-Bar, die baskische Variante eines Tapas-Lokals. Es gibt also nur Häppchen. Bloß nicht hungrig hingehen. Dann wird's teuer.
16 The Pavement, SW4 0HY, T 020 81 91 79 60, www.countercultureclapham.co.uk, U: Clapham Common, Di–Fr 18–23, Sa 15–23 Uhr, *pintxos* ca. £7

Ein ›Geheimtipp‹, und das seit 1972

Tayyabs östl. M 2
Die Brick Lane ist berühmt für ihre Curry-Lokale. Wer aber interessanter zubereitete Gerichte probieren will, muss zehn Minuten weiter gen Osten laufen. Die lange Schlange, die sich jeden Abend vor dem Tayyabs bildet, spricht für sich. Es ist zweifelsohne das beste pakistanische Restaurant in dieser Gegend. Die meisten Gäste sind Pakistaner. Für etwa £15 bekommen Sie hier eine Vorspeise, Hauptgericht, Reis, *naan* (Brotfladen) und *pompadoms* (frittierte Fladen aus Linsenmehl). Sie sollten entweder einen Tisch reservieren oder bereit sein, lange zu warten.
83–89 Fieldgate Street (hinter der Whitechapel Road), E1 1JU, T 020 72 47 95 43 oder 020 72 47 85 21, www.tayyabs.co.uk, U: Aldgate East und Whitechapel, Mo–So 12–24 Uhr

Familienangelegenheit

Asakusa nördl. E 1
Dieses Restaurant kenne ich seit vielen Jahren und bin immer wieder

überrascht, welch gleichbleibend gute Qualität es bietet. Eben ein Familienbetrieb! Das Asakusa (sprich: Asak'sa) ist ein kleines Lokal, das eher an ein gemütliches Pub erinnert als an die üblicherweise minimalistisch gestylten japanischen Feinschmecker-Restaurants. Die Küche bereitet authentische Spezialitäten aus Nippon hervorragend und mit großer Sorgfalt zu. Im Asakusa trifft man deshalb sehr viele Japaner.

265 Eversholt Street, NW1 1BA, T 020 73 88 85 33, U: Mornington Crescent, Camden Town, Mo–Fr 18–23.30, Sa 18–23 Uhr, HG ab £15

Fusion Food

Sông Quê nördl. M 1

Man muss ein bisschen Abenteuerlust mitbringen, denn die pittoreske Kingsland Road liegt nicht im Kerngebiet der Touristenströme, ist aber Teil eines neuen Szeneviertels im Osten und verändert sich von Monat zu Monat. Das Dekor des Song Que gewinnt sicherlich keinen Preis, die Bedienung ohne Zweifel auch nicht, dennoch gilt es als eines der besten vietnamesischen Restaurants Londons. Die Gäste schätzen hier die Vielfalt der vietnamesischen Küche, die von chinesischen, thailändischen, aber auch französischen Einflüssen geprägt wird. Lecker sind aber auch die typischen vietnamesischen Nudelsuppen, *pho*, die in 27 Variationen zubereitet werden.

134 Kingsland Road, E2 8DY, T 020 76 13 32 22, www.songque.co.uk, U: Hoxton Overground, Mo–Fr 12–15, 17.30–23, Sa 12–23, So 12–22.30 Uhr, fast alle Gerichte unter £10

Mögen Sie es scharf?

The Sichuan L 1

Die meisten chinesischen Restaurants auf dem europäischen Kontinent bieten kantonesische Küche an. Sie haben nicht richtig chinesisch gegessen, wenn Sie noch nie die sehr viel interessanteren, wesentlich schärfer gewürzten Gerichte aus Sichuan probiert haben. Der Meisterkoch Zhang Xiao Zhong stammt aus der Hauptstadt Chengdu.

STREET FOOD

Beinahe noch ein Geheimtipp, auch wenn der **Exmouth Market** (nördl. H 1, EC1R 4QE, www.exmouth-market.com, U: Farringdon, Mo–Fr 12–15 Uhr) inzwischen seinen zehnten Geburtstag feierte. Seit seiner Gründung hat sich die Gegend zwischen Islington und der City of London komplett verwandelt. Machen Sie es wie die Beschäftigten der umliegenden Büros. Holen Sie sich an den Ständen eine Stärkung und suchen Sie sich dann bei schönem Wetter einen Pausenort im nahen Spa Fields Park.

Schon sein Onkel und sein Großvater waren anerkannte Chefs in ihrer Heimat. Bereits beim Blick in die wie üblich bebilderte Speisekarte läuft einem das Wasser im Mund zusammen. Lassen Sie sich Zeit bei der Auswahl. Lassen Sie sich beraten. Sagen Sie, wie scharf Sie es mögen, und genießen Sie die Sichuan-Küche.

14 City Road, EC1Y 2AA, T 020 75 88 54 89, www.thesichuan.co.uk, U: Moorgate, Mo–Sa 12–23 Uhr, HG ab £10

Im Kaufrausch

Heute so, morgen anders: Modetrends wechseln von Saison zu Saison, Geschäftsideen überdauern oft nicht mal ein Jahr, große Ketten verdrängen kleine Einzelhändler. London geht es nicht besser als anderen Metropolen auf der Welt.

Manches bleibt auch über Jahre unverändert: die Portobello Road beispielsweise, ebenso wie der Chelsea Antiques Market und nicht zu vergessen der Camden Market. Aber hoffentlich haben Sie sich nicht auf eine Lesereise in den traditionsreichen Buchhandlungen der Charing Cross Road gefreut. Sie sind längst großen Bookshop-Ketten gewichen. Den meisten Besuchern, die durchs Zentrum strömen, fällt das allerdings nicht auf.

In puncto Öffnungszeiten ist London aber fast noch altmodisch im Vergleich mit New York etwa. Nur wenige Geschäfte öffnen rund um die Uhr. Eine Ausnahme machen nur die Supermärkte in den Randgebieten. Londoner sitzen abends nämlich lieber im Restaurant, besuchen eine Bar oder einen Club, gehen ins Kino.

In den großen Einkaufsstraßen, etwa der Oxford Street, endet das Shopping-Vergnügen in der Regel um 21 Uhr, donnerstags eine Stunde später. Sonntags öffnen die Läden ›nur‹ von 12 bis 18 Uhr. Unvorstellbar in Deutschland! In den etwas feineren Straßen von Mayfair und Knightsbridge hingegen gelten kürzere Verkaufszeiten. Spät shoppen ist hier nicht in. Schließlich will die Kundschaft mit der goldenen Kreditkarte beim Geldausgeben gesehen werden.

Ob mir dieses Kleid wohl stehen würde? In London findet sicherlich jede Frau und jeder Mann das passende Outfit zu ihrem oder seinem Typ.

ZUM SELBST ENTDECKEN

Die Besuchermassen zieht es vor allem zu den legendären Adressen wie **Portobello Road** oder den Märkten in **Camden, Chelsea** und **Spitalfields.** Londoner decken sich eher im East End auf dem **Bethnal Green Street Market** ein oder im Londoner Süden in **Brixton.** Zu den festen Größen der Shopping-Welt gehören die **Oxford Street** mit ihren Kaufhäusern oder die Luxus-Shops in **Regent Street** und **Bond Street.** Auch die **Brompton Road** mit Harrod's, dem Kaufhaus der Superlative, ist eine Attraktion. Hier drängen sich täglich Tausende. Und das, obwohl die Seitenstraßen der großen Shopping-Boulevards meistens viel interessanter sind: etwa **St Christopher's Place** oder **South Molton Street.** Ein paar Schritte abseits des Rummels – und schon können Sie auf Ihre eigenen Entdeckungsreisen gehen.

BÜCHER UND MUSIK

Ein Urgestein

Hatchards Karte 2, D 3

Direkt neben dem Nobelkaufhaus Fortnum & Mason finden Sie Londons älteste unabhängige Buchhandlung sowie Hoflieferant der Queen, des Duke of Edinburgh und des Thronfolgers Prince Charles. Trotz der royalen Kundschaft grenzt die fortwährende Existenz fast schon an ein Wunder in dieser Stadt, in der so viele namhaften Buchhandlungen entweder zumachen mussten oder von großen Ketten geschluckt wurden. Bei Hatchards haben schon Lord Byron und Oscar Wilde geschmökert. Das will aber nicht heißen, dass diese *landmark*, die bereits seit 1797 ein sehr umfangreiches Sortiment in gediegenem Ambiente vertreibt, irgendwie verstaubt oder antiquiert ist.

187 Piccadilly, W1J 9LE, T 020 74 39 99 21, www.hatchards.co.uk, U: Piccadilly, Mo–Sa 9.30–20, So 12–18.30 Uhr

Ein Paradies für Globetrotter!

Daunt Books C 1

Wenn man das Erdgeschoss dieser Buchhandlung betritt, glaubt man, sich im Lesesaal eines englischen Internats zu befinden: rechts und links mit Büchern vollgestopfte Regale. Darüber auf beiden Seiten eine Holzempore, auch hier wieder überquellende Regale. Über dem Ganzen das Glasdach eines Wintergartens. Zusammen mit dem Untergeschoss drei Etagen mit Reisebüchern jeder nur erdenklichen Art. Zum Sortiment gehören aber auch Belletristik, Biografien und Gartenbücher.

83–84 Marylebone High Street, W1U 4QW, T 020 72 24 22 95, www.dauntbooks.co.uk, U: Baker Street, Regent's Park, Mo–Sa 9–19.30, So 11–18 Uhr

Gibt's nicht gibt es nicht

John Sandoe Books B 7

In den Reihenhäusern aus dem 18. Jh. stapeln sich tatsächlich rund 30 000 Bücher auf jeder nur erdenklichen Fläche. John Sandoe hatte den Buchladen 1957

Wenn Sie bei Rough Trade East Ihre Lieblingsplatte mit Indie-Musik nicht finden, ist es verschwendete Energie, anderswo zu suchen.

gegründet. Er wird in seinem Sinne weitergeführt und gilt als eine der besten unabhängigen Buchhandlungen Londons. Das Sortiment zeugt von einer grenzenlosen Leidenschaft für das gedruckte Wort – ungeachtet von Themen und Genre. Die Buchhändler werden ihr Bestes geben, jedes Buch zu finden, das Sie suchen, auch wenn es vergriffen ist, keine ISBN hat oder ein Privatdruck ist.

10 Blacklands Terrace, SW3 2SR, T 020 75 89 94 73, www.johnsandoe.com, U: Sloane Square, Mo–Sa 9.30–18.30, So 11–17 Uhr

Der Spezialist für Indie in London

Rough Trade East östl. M 1

In der Old Truman Brewery befindet sich seit 2007 der Laden überhaupt für Indie-Musik in London: Rock-Pop, Reggae, Techno, House, Breakbeat, Downtempo, Electronic, Country-Folk-Blues … – *»you name it, they've got it«*. Regelmäßig stehen Liveveranstaltungen auf dem Programm, dann ist der Verkauf geschlossen. Ein toller Laden. Angefangen hat alles 1988 mit dem Ladenlokal in der Talbot Road in Notting Hill – heute Rough Trade West.

Dray Walk, 91 Brick Lane, E1 6QL, T 020 73 92 77 88, www.roughtrade.com, U: Shoreditch High Street, Aldgate East, Mo–Do 8–21, Fr 8–20, Sa 10–20, So 11–19 Uhr

CONTAINER-KAUFHAUS

Nahe der Brick Lane stoßen Sie auf den **Boxpark** (östl. M 1, 2–10 Bethnal Green Road, E1 6GY, www.boxpark.co.uk, U: Shoreditch High Street, Mo–Sa 11–19, So 11–18 Uhr). Dabei handelt es sich um zwei Dutzend Einzelhändler, die in aneinandergereihten Frachtcontainern ihre Ware anbieten: Colourstudio (Socken in allen erdenklichen Farben), Decorum (geschmackvolle Dinge für Heim und Garten), Mennace (Fashion für den modebewussten Mann zu erschwinglichen Preisen) oder Side Party (Gleiches für die junge Frau) oder auch STA Travel, ein Reisebüro für junge Leute.

DELIKATESSEN UND LEBENSMITTEL

Ein kulinarisches Kaufhaus

Fortnum & Mason Karte 2, D 3

Ohne Zweifel eines der elegantesten Lebensmittelgeschäfte der Welt. 1707 wurde diese Londoner Institution gegründet. Sie ist berühmt für Tee, Senf, Marmelade und britische *pies.* Aber auch das Sortiment an Käse, Fleisch, Kuchen und feinsten Weinen kann sich sehen lassen. Sehr begehrt sind die Delikatess-›Fresskörbe‹ von Fortnum & Mason. Es gibt die *hampers* als kleine Ausgabe zu £50 und waschkorbgroß für bis zu £1075, Geschirr und Besteck inklusive. Die Delikatessen machen zwar nicht satt, aber dafür enormen Eindruck auf dem Rasen von Glyndebourne, Henley oder Ascot. Fortnum & Mason ist das ideale Geschäft für teure Mitbringsel. Schon mal probieren können Sie in den fünf Restaurants im Haus. In der Wine Bar können Sie jede beliebige Flasche aus der Weinabteilung probieren. Der Barkeeper zieht für £15 den Korken für Sie raus – *corkage fee* nennt sich das. Neben Delikatessen hat das Kaufhaus eine ganze Etage für die Dame mit Accessoires, Parfums, Kosmetik und Schmuck reserviert. Zudem führt es Babykleidung und auf der dritten Etage alles für den Herrn. Zu Ihrer Beruhigung, falls Sie noch etwas vergessen haben: Es gibt einen Ableger im Bahnhof St Pancras International und im Heathrow Terminal 5.

181 Piccadilly, W1A 1ER, T 020 77 34 80 40, www.fortnumandmason.co.uk, U: Piccadilly Circus, Green Park, Mo–Sa 10–22, So 11.30–18 Uhr

FLOH- UND STRASSENMÄRKTE

Der frühe Vogel fängt den Wurm

Bermondsey Antiques Market

L 5

Dieser Markt hatte seine Anfänge im Jahr 1855 in Nordlondon und war als Hehlermarkt bekannt. Diebe konnten hier getrost ihre geklaute Ware verkaufen. Laut königlichem Dekret musste gestohlenes Gut, das hier erworben wurde, nicht an den rechtmäßigen Besitzer zurückgegeben werden. Man umschrieb diesen Usus vornehm mit dem französischen Begriff *marché ouvert* (offener Markt). Heute drängen sich früh am Freitagmorgen Händler und professionelle Sammler an 500 Ständen. Zum Angebot gehören Schmuck, Silber und viktorianisches Kunsthandwerk, Gemälde, Golfschläger oder alte Musikinstrumente fehlen aber auch nicht. Wenn Sie ernsthafte Kaufabsichten hegen, sollten Sie möglichst zeitig erscheinen.

Bermondsey Square, SE1 3UN, www.bermondseysquare.net, U: Borough, London Bridge, Fr 6–14 Uhr

Von jedem etwas

Camden Passage nördl. G 1

Fahren Sie nicht nach Camden Town, sondern zur U-Bahnstation Angel. Dieser Markt liegt im Stadtteil Islington und der gehört wiederum zu den Szenevierteln Londons. Die Restaurants, Bars und Pubs der Upper Street sind immer proppenvoll. Teuer geht es in der pittoresken Camden Passage mit ihren vielen kleinen Geschäften zu. Das vielseitige und interessante Angebot reicht von

Antiquitäten über Mode, Schmuck und Parfum bis zu Kurzwaren und Wolle. Donnerstags findet ein spezieller Büchermarkt statt, sonntags liegt der Fokus auf Kleidung. Viele der kleinen Geschäfte öffnen täglich.

Camden Passage, N1 8EA, T 074 63 55 78 99, www.camdenpassageislington.co.uk, U: Angel, allgemeiner Markt Mi, Sa 7–18, Büchermarkt Do 8.30–18, Kleidermarkt So 12–19 Uhr

Der Markt der Superlative

Portobello Road Antiques Market Karte 3, A 1

Ob er der größte Antiquitätenmarkt der Welt ist, sei dahingestellt. In jedem Fall handelt es sich mit über 1000 Händlern um den größten überdachten Markt Londons. Hier finden Sie einfach alles. Bei den anspruchsvolleren Ständen kann es sich auszahlen, Sachkenntnis anzudeuten. Der Preis liegt dann manchmal unter dem für Touristen. Feilschen ist ohnehin drin. Samstags erweitern viele Stände ihren Verkaufsraum nach draußen auf die Straße. Weitere interessante Geschäfte und Boutiquen lohnen einen Abstecher in benachbarte Straßen wie Westbourne Grove, Chepstow Villas oder Ledbury Road.

Portobello Road, W10 5TA, T 020 77 27 76 84, www.portobelloroad.co.uk, U: Ladbroke Grove, Notting Hill Gate, Marktstände Sa 9–17 Uhr, Läden in der Portobello Road tgl. geöffnet

Shoppen und schlemmen

Brick Lane Market östl. M 1

Der Markt geht auf das 17. Jh. zurück. Er fand immer sonntags statt, da die meisten Bewohner der Gegend jüdischen Glaubens waren. Einen Besuch sollte man sich nicht entgehen lassen und der Sonntag ist dafür immer noch der beste Tag. In dieser Gegend prallten schon immer gegensätzliche Welten aufeinander. Die Gentrifizierung des Ostens ist aber überall zu spüren. Mit zahllosen Vintage-Boutiquen, unabhängigen Buchläden, gemütlichen Cafés und interessanten Bars finden Shopaholics und Feinschmecker hier ihr Paradies. Ob man nun Schallplatten, Secondhand-Bücher oder Babykleidung mit Jimi-Hendrix-Motiv kaufen will, es gibt einfach alles. Ob Sushi oder Paella, argentinisches Steak oder türkische *gözleme*, einer kulinarischen Weltreise sind keine Grenzen gesetzt.

91 Brick Lane, E1 6QR, T 20 77 70 60 28, www.visitbricklane.org, U: Shoreditch High Street, Aldgate East, tgl. geöffnet

Authentisch

Broadway Market nördl. M 1

Dass der Osten boomt, ist schon lange kein Geheimnis mehr. Wer aber ein bisschen abenteuerlustiger sein will als die Massen, die sich auf der Brick Lane drängeln, sollte sich an einem Samstag

Ob die wohl echt sind? – Schmuckverkauf auf dem Portobello Road Market

zum Broadway Market rauswagen. Dieser Markt wurde erst 2004 von einer Bürgerinitiative wieder ins Leben gerufen. Hier ist es zwar an sonnigen Tagen auch gerammelt voll, der Markt ist aber überschaubarer. Ob Schallplatten oder Vintage-Kleidung, Blumen oder französische *saucissons*, vietnamesischer Kaffee oder sogar deutsche Bratwurst, das Angebot ist überwältigend. Wer Lust hat, legt sich anschließend in den London Fields ins Gras oder geht am Regent's Canal spazieren.

Broadway Market, E8 4PH, www.broadwaymarket.co.uk, U-Bahn von Hoxton Station zur Falkirk Street, dort Bus 394 bis Ada Street, Straßenmarkt: Sa 9–17 Uhr

GESCHENKE, DESIGN, KURIOSES

Es ist nicht alles Gold, was glänzt

London Silver Vaults G/H 2

Eine Londoner Institution inmitten einer historisch interessanten Gegend. 28 Händler verkaufen in den ehemaligen Stahlkammern des Chancery Lane Safe Deposit alles, was silbern ist, von Schmuck über Besteck und Kerzenhalter bis hin zu riesigen Tischdekorationen. Englisches Silber erkennen Sie am Stempel 925 (92,5 %) sowie bis zu vier weiteren Stempeln.

53–64 Chancery Lane, WC2A 1QS, T 020 72 42 38 44, www.silvervaultslondon.com, U: Chancery Lane, Mo–Fr 9–17.30, Sa 9–13 Uhr

Nichts für Galgenvögel

Grays Antique Centre C 2

Falls Sie die Geschäfte und Kaufhäuser auf der Oxford Street nerven, sollten Sie vielleicht diesen Antiquitätenmarkt abseits vom großen Trubel besuchen. Das Sortiment der 200 Händlern ist interessant und abwechslungsreich: Objets d'Art, wunderschöner antiker Schmuck, aber auch Kleidungsstücke, Bücher, Münzen, Medaillen, Puppen, Spielzeug. 1977 wurde das Gebäude von Benny Gray übernommen und restauriert. Im Keller fließt ein kleiner Fluss in einem Kanal. Es ist der berühmt-berüchtigte Tyburn, der wie viele andere Flüsse und Bäche Londons vor Generationen unter das Pflaster verbannt wurde. Am Tyburn stand im 18. Jh. in der Nähe vom heutigen Marble Arch einer der Londoner Galgen.

58 Davies Street & 1–7 Davies Mews, W1K 5AB, T 020 76 29 93 44, www.graysantiques.com, U: Bond Street, Mo–Fr 10–18, Sa 11–17 Uhr

Erlesene Düfte

Les Senteurs C 6

Belgravia ist eine der feinsten Wohngegenden Londons und der Eaton Square eine der feinsten von Belgravia. Nicht weit entfernt eröffnete das Ehepaar Hawksley 1984 seine exquisite Parfümerie. Die Hawksleys waren der Auffassung, dass die meisten Kaufhäuser keine wirklich gute Auswahl an Duftnoten anboten, und wollten diese Marktlücke schließen. Der Erfolg gibt ihnen recht. Das Geschäft ist noch heute ein Familienbetrieb, 27 der besten Parfumeure vertreiben ihre Kreationen über Les Senteurs.

71 Elizabeth Street, SW1W 9PJ, T 020 77 30 23 22, www.lessenteurs.com, U: Sloane Square, Mo–Sa 10–18 Uhr

> **TRAGBARE WETTERSTATION**
>
> Dass es in London immer regnet, stimmt nicht ganz. Dass es in London häufig regnet, ist nicht zu leugnen. Warum sollten Sie dabei nicht wenigstens ein bisschen Spaß haben mit einem Regenschirm, der bei Nässe kunterbunt wird? Den etwas anderen **Schirm** von **squid** (www.squidlondon.com), z. B. mit der Londoner Skyline, können Sie u. a. in der Tate Gallery, im British Museum oder bei Selfridges kaufen. Oder lieber gleich ein Regencape, das seine Farbe wechselt, wenn es so richtig schüttet?

MODE, ACCESSOIRES

Vintage-Klamotten und mehr

Beyond Retro östl. M 2

Eines scheint nie unmodern zu werden: Klamotten von vorgestern. Beyond Retro

Die Mischung macht's: bunt gewürfeltes Vintage-Angebot im Beyond Retro.

trumpft mit einen riesigen Angebot auf. Man ist völlig überwältigt, wenn man den Laden betritt. Auf jedem Quadratmeter steht ein prall gefüllter Kleiderständer. An den Wänden stapeln sich Hüte, Mützen, Schuhe, Rücksacke, Handtaschen und andere ›*fashion items*‹ bis unter die Decke. Man muss viel Zeit mitbringen, aber dann findet man das echt ausgefallene Kleidungsstück, von dem man schon immer geträumt hat. Allerdings gibt es auch ein riesiges Angebot an replica clothes. In der Sommerzeit zum Beispiel Hawaii-Hemden. Auch nicht schlecht. Es gibt eine Filiale im Stadtteil Dalston und eine zentraler gelegene am Rand von Soho.

110–112 Cheshire Street, E2 6EJ, T 020 77 29 90 01, www.beyondretro.com, U: Whitechapel, Mo–Mi 10–19, Do 10–20, Fr/Sa 10–19, So 11.30–18 Uhr

Kindgerechte Klamotten

Sasti Karte 3, A 1

Wir alle kennen überteuerte Boutiquen für Kinderkleidung. Rosie Carpenter und Julie Taft haben schon vor vielen Jahren erkannt, dass es auch anders geht und Qualität und pfiffiges Design nicht unbedingt die Bank sprengen müssen. Sasti bietet wunderschöne Kleidung für Säuglinge und Kids bis zehn Jahre, die sich gut tragen lässt und Spaß macht.

Unit 6 Portobello Green Arcade, 281 Portobello Road (unter der Schnellstraße Westway), W10 5TZ, T 020 89 60 11 25, www.etsy.com/uk/shop/sastirosielife, U: Ladbroke Grove, Mo–Sa 10–18 Uhr

Schmückendes Beiwerk

Kabiri C 2

2004 gründete Nathalie Kabiri diesen wunderbaren Designer Jewellery Store, um bekannten und unbekannten Juwelieren sowie Gold- und Silberschmieden aus aller Welt ein Forum zu bieten. Der Schmuck ist zum größten Teil sehr modern gearbeitet, aber so individuell wie die bis zu 50 Künstler, die hier präsentiert werden. Sehr unterschiedlich sind auch die Preise. Sie brauchen keine Schwellenangst zu haben, es gibt etwas für jedes Portemonnaie – von £50 bis weit über £10 000. Die Auslagen und und die Goldschmiede wechseln häufig.

94 Marylebone Lane, W1U 2PZ, T 020 73 17 21 50, Personal Shopper T 020 73 17 21 55, www.kabiri.co.uk, U: Baker Street, Mo–Sa 10–18.30, So 11–17 Uhr

Last orders!

Sightseeing geschafft? Müde, aber happy? Aufgehübscht und ›ready to go‹! Mal sehen, was die Nacht so bringt. Ob Besucher oder Londoner – sie alle brauchen nach einem anstrengenden Tag Zeit zum Loslassen und Entspannen.
Also nur kein Stress! Noch hat der Sturm auf Kinos, Theater und Restaurants nicht begonnen. Gehen Sie ruhig erst noch ins *local* an der Ecke und relaxen Sie! Falls es noch eines gibt. Das große Pubsterben auf der Insel ist nämlich auch an London nicht spurlos vorübergegangen.

Ein Grund dafür sind neue Trinkgewohnheiten. Für die jungen Londoner ist lauwarmes Ale oder langweiliges Lagerbier out, sie bevorzugen *craft beer* aus kleinen, unabhängigen Brauereien. Im Trend liegen auch (guter) Wein, dicht gefolgt von fantasievollen Cocktails. Bars, Lounges und Clubs haben sich auf den Geschmack der Zeit eingestellt.

Nicht so die historischen, pittoresken Kneipen. Dennoch sind sie – und das wird Sie trösten – immer noch ein Publikumsmagnet. Allerdings vor allem dank der vielen Besucher aus dem Ausland. Hier können Sie typische britische Pubatmosphäre schnuppern und britische Bierkultur erleben. Aber Achtung, verpassen Sie nicht die letzte Runde! Zwar wurden die strengen britischen Schankstunden aufgehoben, aber jeder Wirt muss einen formellen Antrag auf Verlängerung stellen und zur genehmigten Zeit ist definitiv Schluss mit lustig.

Cheers! – ganz egal, welche Getränke Sie mögen.

ZUM SELBST ENTDECKEN

Traditionell begeben sich sowohl ausländische Besucher als auch Londoner abends und vor allem an den Wochenenden ins **West End,** das Unterhaltungszentrum der Metropole. *»We're going to the West End«* bedeutet, wir gehen uns amüsieren oder wahlweise auch bilden. Wer auf Nummer sicher gehen und nicht lange suchen will, orientiert sich nach **Soho, Covent Garden** und **Mayfair.** Inzwischen ziehen aber auch andere Stadtteile mit interessanten Galerien, Kinos und Theatern, Clubs und Bars sowie gemütlichen Restaurants nach. Experimentierfreudige Nachtschwärmer sollten sich in **Islington, Bermondsey, Bethnal Green** und natürlich der **South Bank** umschauen. Die angesagten Hotspots des Nachtlebens ändern sich jedoch alle naselang. Es gilt also das Motto: Augen auf im Szeneverkehr!

BARS UND KNEIPEN

Nur bei Mondschein

Blind Pig ✪ Karte 2, E 2

›Blindes Schwein‹ oder ›Mondscheinkneipe‹ – so hießen Lokale während der Prohibition in den USA, die illegal Alkohol ausschenkten. *Moonshine* wiederum ist illegal gebrannter Schnaps. An genau diese Ära erinnert das Dekor des Blind Pig mit verspiegelter Decke, lederbezogenen Hockern vor der langen, kupfernen Bar, alten Holzstühlen an kleinen Tischen, Lederbänken entlang der Wände. Irgendwie sehr nostalgisch, ohne zu erdrücken. Die Cocktails haben sehr fantasievolle Namen. Wenn Sie wissen wollen, was drin ist, müssen Sie die Zutatenbeschreibung lesen. Übrigens, das Social Eating House, zu dem das Blind Pig gehört, ist keine Wohlfahrtseinrichtung, sondern eines der besten Restaurants Sohos.

58 Poland Street, W1F 7NS, T 020 79 93 32 51, www.socialeatinghouse.com, U: Oxford Circus, Tottenham Court Road, Mo–Sa 12–24 Uhr

»Die besten Cocktails der Welt«

The Cocktail Trading Co. ✪ östl. M 1

Ob die Barkeeper tatsächlich die weltbesten Getränke mixen und schütteln? Kann sein. Auf jeden Fall fühlen sich die Gäste hier wohl. Die Gläser oder Behälter, in denen die Drinks serviert werden, wirken wie Kunstwerke. Für Londoner Verhältnisse sind die alkoholhaltigen Kreationen so preiswert (um die £9), dass Sie vielleicht vorsichtshalber vorher in dem Restaurant in der oberen Etage eine Grundlage schaffen sollten.

68 Bethnal Green Road, E1 6CQ, T 020 7427 6097, www.thecocktailtradingco.co.uk, BR Shoreditch High St. oder Bus, Mo–Mo 17–23.30, Do/Fr 17–24, Sa 14–24, So 14–22.30 Uhr

Die Goldenen Zwanziger

The Gibson ✪ nördl. K 1

Es ist irgendwie interessant, dass sich so viele Londoner Cocktail-Bars ›verkleiden‹ müssen. Auch dieses Lokal am Rand des Finanzviertels, der City of London, macht da keine Ausnahme. Es knüpft an die 1920er-Jahre an mit Art déco, Kerzenlicht und so – sehr sympathisch. Ein Vorteil: Die Öffnungszeiten sind länger als die der meisten anderen Bars.

44 Old Street, EC1V 9AQ, T 020 76 08 27 74, www.thegibsonbar.london, U: Barbican, Mo–Sa 17–2, So 13–22.30 Uhr

PUBS

Lohnt sich auch für Bierabstinenzler

The Cittie of Yorke ✪ G 1

The Cittie of Yorke, ursprünglich eine Wein- und Sherry-Bar, sollten Sie besuchen, auch wenn Sie kein Bier trinken. Es gehört zu den Londoner Pubs, die von sich behaupten, das älteste der

VERANSTALTUNGSHINWEISE

TimeOut London: Londons ältestes Stadtmagazin informiert wöchentlich in seiner Printausgabe über das Unterhaltungsangebot. Das Heft liegt jeden Dienstag vor U-Bahn-Stationen und Bahnhöfen, in Geschäften, Cafés, Kinos, Theatern, Museen und Galerien kostenlos aus. Online erfahren Sie unter www.timeout.com/london, was los ist.

Kartenvorverkauf: Um sicherzugehen, dass Sie Ihr Show- oder Theaterticket auch wirklich bekommen, empfehle ich Ticketmaster (T 016 16 37 26 97, www.ticketmaster.co.uk). Sie können es aber auch beim jeweiligen Theater direkt versuchen. So gibt es beim National Theatre täglich ab 9.30 Uhr eine begrenzte Zahl von preiswerten Tickets für diesen Tag.

tkts-Kiosk, (✪ Karte 2, E 3): Am Leicester Square steht der Kiosk, der Theater- und Musicalkarten sehr günstig anbietet. Vertrauen Sie keinem anderen Kartenverkäufer am Square. Infos: www.tkts.co.uk.

Die Fäuste fliegen schon lange nicht mehr im Lamb & Flag, heute ist geselliges Miteinander angesagt.

Stadt zu sein. Der lange, sehr hohe Fachwerksaal soll ans 15. Jh. erinnern. Riesige (leere) Fässer bilden die längste Theke Englands. Oder Sie nehmen in einer der kleinen holzvertäfelten Nischen Platz. Eine Attraktion ist der dreiseitige Ofen, dessen Rauch nicht direkt durch den Schornstein abzieht, sondern über den Keller nach draußen geleitet wird. An dieser Stelle steht schon seit 1430 ein Gasthaus, Ende des 17. Jh. wurde es aber vorübergehend zum Coffee House umfunktioniert. Was wir heute sehen, ist eine kunterbunte Mischung verschiedener Epochen, zusammengestellt in den 1920er-Jahren.

22 High Holborn, WC1V 6BS, T 020 72 42 76 70, U: Holborn, Mo–Sa 12–23 Uhr

Ehemalige Boxerkneipe

Lamb & Flag Karte 2, F 3

Auch dieses Pub im Herzen von Covent Garden beansprucht den Titel, ältestes Pub Londons zu sein. Tatsächlich stand bereits seit 1623 an dieser Stelle ein Haus, das Alkohol ausschenkte. Hinzuzufügen ist aber, dass dem Großen Feuer von 1666 fast alle Pubs und Inns zum Opfer fielen. Londons Häuser waren seinerzeit komplett aus Holz gebaut. Erst beim Wiederaufbau bestanden die Stadtväter auf Stein. Eine Zeitlang war das Pub im Volksmund bekannt als ›Der Eimer voll Blut‹, weil dort regelmäßig Boxkämpfe abgehalten wurden.

33 Rose Street, WC2E 9EB, T 020 74 97 95 04, www.lambandflagcoventgarden.co.uk, U: Leicester Square, Covent Garden, Mo–Sa 11–23, So 12–23 Uhr

In feiner Gesellschaft

Prospect of Whitby östl. M 4

Das Pub am Themse-Ufer stammt aus dem Jahr 1520. Damals hieß es The Pelican, wurde aber umgetauft in The Devil's Tavern, weil zur Kundschaft hauptsächlich Schmuggler, Diebe, Piraten und Kriminelle aus der Nachbarschaft gehörten. Im 18. Jh. brannte das ursprüngliche Gebäude ab, wurde aber sofort wieder aufgebaut. Es zählt zu den beliebtesten Touristenattraktionen Londons. Sie sollten trotzdem hingehen, allein schon wegen des großartigen Blicks auf die Themse. Es heißt auch, die erste Fuchsie sei über dieses Pub nach England gelangt. Angeblich traf ein Gärtner aus der Gegend im Pub einen jungen Matrosen, der ein paar Pflanzen bei sich hatte. Der Gärtner spendierte ihm einige Gläser Rum, erhielt einen Ableger und züchtete die Pflanzen erfolgreich in seiner Gärtnerei.

57 Wapping Wall. E1W 3SH, T 020 74 81 10 95, www.taylor-walker.co.uk/pub/prospect-of-whitby-wapping/c8166/, U: Wapping, Mo–Do 12–23, Fr, Sa 12–24, So 12–22.30 Uhr

Bischöfliche Enklave

Ye Olde Mitre Tavern H 1

Ely Court verläuft parallel zur Juwelier- und Diamantenhändlerstraße Hatton Garden und liegt eigentlich gar nicht in London. Offiziell gehört die kurze Sackgasse nämlich noch immer der Grafschaft Cambridgeshire, da sich hier im 14. Jh. der Sommersitz der Bischöfe von Ely befand. Das Pub wurde 1546 für die Diener der Bischöfe gebaut. Heute ist Ely Place die letzte Londoner Straße in Privatbesitz. Leicht zu finden ist das Pub nicht, aber versuchen Sie es!

1 Ely Court, Ely Place, EC1N 6SJ, T 020 74 05 47 51, www.yeoldemitreholborn.co.uk, U: Chancery Lane, Farringdon, Mo–Fr 11–23 Uhr

Ein viktorianisches Prunkstück

The Salisbury Karte 2, F 3

Das goldene Zeitalter für Pubs war ohne Zweifel das 19. Jh. Wahre Paläste wurden damals gebaut. Wenn nicht in puncto Größe, wie beispielsweise das andere Pub mit dem Namen Salisbury im Stadtteil Haringey, dann auf jeden Fall hinsichtlich der Ausstattung: viel Plüsch, geschliffene Glasscheiben und Spiegel, blankgeputztes Messing und Mahagoni-Wandverkleidung. Das Salisbury in der Nähe vom Trafalgar Square, am westlichen Rand von Covent Garden, müssen Sie gesehen haben.

90 St Martin's Lane, WC2N 4AP, T 020 78 36 58 63, www.taylor-walker.co.uk/pub/salisbury-covent-garden/c3111/, U: Leicester Square, Mo–Do 11–23, Fr 11–24, Sa 12–24, So 12–22.30 Uhr

Immer eine Schlagzeile wert

Ye Olde Cheshire Cheese H 2

Eigentlich geniere ich mich ein wenig, dieses Pub aufzuführen, andererseits will ich Ihnen nicht den Genuss vorenthalten, sich einmal durch den Schankraum den Weg zur Theke zu bahnen. Der Cheshire Cheese ist vollkommen zu Recht eine Touristenattraktion. 1667, ein Jahr nach dem Großen Brand, wurde das Pub wieder aufgebaut. Seitdem trinken hier die Berühmten und alle anderen ihr Ale: Charles Dickens, Dr Johnson, Mark Twain, Theodore Roosevelt … Die Liste ließe sich fortschreiben. Damals war die Fleet Street ja auch die mächtigste Zeitungsstraße der Welt. Kein Wunder, dass im Jahr 1926 fast 200 Zeitungen weltweit über den Tod des pubeigenen Papageis Polly berichteten. Die Zeitungsverlage sind weggezogen. Der Cheshire Cheese hält die Stellung.

48 Crutched Friars, Tower Hill, EC3N 2AP, T 020 77 02 16 28, www.cheshirecheeselondon.co.uk, U: Tower Hill, Mo–Fr 10–23, Sa 12–23 Uhr

LIVEMUSIK

Gute Mischung

Green Note nördl. D 1

Das ist doch etwas: Livemusik, vegetarische Gerichte und einmal im Monat Dichterlesung. Das breite musikalische Spektrum umfasst Folk und Roots, Blues, World, Jazz, Country, Bluegrass und natürlich Singer-Songwriter. Auch internationale Künstler treten hier auf. Neben alkoholischen Getränken wie Cocktails, Bier und Wein werden auch Bio-Tee, frisch gepresste Säfte und Smoothies serviert. Der noch recht junge Club hat sich in kurzer Zeit einen Namen gemacht. Die Tickets sind sehr oft schnell ausverkauft.

106 Parkway, NW1 7AN, T 020 74 85 98 99, www.greennote.co.uk, U: Camden Town, Mo–Do, So 19–23, Fr, Sa 19–24 Uhr

Ü
ÜBRIGENS

Cocktailkreationen und cooler Jazz in einem ehemaligen Klo? Dies ist die neueste Umwandlung einer der vielen Londoner öffentlichen Bedürfnisanstalten aus der verschwenderischen Zeit von Edward VII. Sie waren wunderschön gefliest und besaßen herrliche Porzellan-Pissoirs, wurden aber vor Jahrzehnten schon von den Gemeinden geschlossen. Nun haben sie einen zweiten Auftritt als Frisiersalon, Maklerbüro, Café, Kabarett und nun auch als Musikclub wie der **Bermondsey Arts Club** (L 6, 102a Tower Bridge Road, SE1 4TP, T 020 33 02 06 10, www.bermondseyartsclub.co.uk, U: Borough, Elephant & Castle, tgl. 18–2 Uhr).

Seit 1973 im Geschäft

Dingwalls nördl. G 1

Die meisten Besucher des Camden Market haben keine Ahnung, dass sich im Gebäude direkt am Kanal einer der ältesten Musikclubs Londons befindet. Die Sex Pistols sind hier aufgetreten, ebenso Blondie, The Ramons, Foo Fighters und Mumford and Sons oder Ellie Goulding. Es ist eine kleine *music venue* mit gerade mal Platz für 500 Gäste und gehört auch nicht zu den führenden Clubs der Stadt.

Die Künstler sind oft unbekannt und/oder gehören zur Indie-Szene, aber der Club hat seinen gewissen Charme. Erstaunlich, dass er sich gegen die Konkurrenz des Roundhouse behaupten kann.
Middle Yard, Camden Lock, NW1 8AB, T 019 20 82 30 98, www.dingwalls.com, U: Camden Town, Chalk Farm, So–Do 19.30–23 Uhr

Fast wie in Nashville
The Blues Kitchen Shoreditch
nördl. M 1
Eigentlich ist die Bluesküche in erster Linie Restaurant und Bar, aber irgendjemand tritt immer auf. Das Angebot reicht von Rock 'n' Roll über Soul, Motown und Swing bis hin zu Blues. Zusammen mit der amerikanischen Speisekarte stellt sich dann so etwas wie die Stimmung in einem Blues Club in Nashville ein. Ein Bourbon kann dieses Gefühl beflügeln.
134–146 Curtain Road, EC2A 3AR, T 020 77 29 72 16, www.theblueskitchen.com, U: Old Street, Shoreditch High Street, Mo–Mi 12–24, Do 12–1, Fr 12–2.30, Sa 11–3, So 11–22.30 Uhr

Der Name ist Programm
Ain't Nothin But The Blues
Karte 2, D 2/3
Die Bar hat sich komplett dem Blues verschrieben. Amy Winehouse hat hier gesungen, sie hatte den Blues im Blut. Es spielen aber auch alte Hasen: Honky-Tonk und West Coast, Chicago und Roots. Die Atmosphäre ist einzigartig, das Publikum genauso gemischt wie die Musik: alt und jung, schwarz und weiß. Allabendlich gibt es Livemusik, oft auch Jam Sessions.
20 Kingly Street, W1B 5PZ, T 020 72 87 05 14, www.aintnothinbut.co.uk, U: Oxford Circus, Piccadilly Circus, So 15–23.30 (Eintritt kostenlos), Mo–Do 17–1 (kostenlos), Fr 17–2 (kostenlos vor 20.30), Sa 15–2 Uhr (kostenlos vor 20.30)

JAZZ

Eine Londoner Legende
Ronnie Scott's Karte 2, E 2
Der Saxofonist Ronnie Scott (1927–96) war eine der wichtigsten Persönlichkeiten der englischen Jazz-Szene und vierzig Jahre lang bemüht, die besten Musiker aus Amerika und Europa nach London zu holen. Mitten in Soho bietet sein 1959 gegründeter Club noch immer das Beste der internationalen Jazz-Musik und ist garantiert einen Abend wert. Im Publikum sind viele Musiker und so ergeben sich an der Bar oft interessante Gespräche. Sonntags steht auch eine Lunch Show auf dem Programm– sozusagen Jazz mit Roastbeef.
47 Frith Street, W1D 4HT, T 020 74 39 07 47, www.ronniescotts.co.uk, U: Leicester Square, Tottenham Court Road, Piccadilly Circus, Mo–Sa ab 18 Uhr, letzte Show Mo–Do 23, Fr, Sa 1, So 12–16, 18.30–24 Uhr

Das Jazz Café in Camden Town bietet wieder ein gutes Programm.

Jazz-Größen neben dem Pizzaofen

Pizza Express Jazz Karte 2, E 2

Pizza Express ist eine durchaus akzeptable Kette von Restaurants, die italienisches Essen mit Livemusik untermalt. In dem Kellerlokal in Soho wird Mainstream-Jazz vom Feinsten gespielt. Nora Jones hat hier gesungen. Sting gab spontan eine Vorstellung. Die Gäste des Restaurants kommen eindeutig wegen der Musik, sie hören wirklich zu. Viele ausländische Musiker sind hier zu Gast.

10 Dean Street, W1D 3RW, T 020 74 39 49 62, www.pizzaexpresslive.com, U: Tottenham Court Road

Neustart

Jazz Café nördl. D 1

Der Jazz-Club schräg gegenüber von der U-Bahn-Station Camden Town macht wieder mit einem sehr interessanten Programm von sich reden, seit Anfang 2016 ein neuer Besitzer übernommen hat. Er ließ das Lokal komplett renovieren und – ganz wichtig! – ein neues Sound-System einbauen.

5 Parkway, NW1 7PG, T 020 74 85 68 34, www.thejazzcafelondon.com, U: Camden Town, Restaurant tgl. 7–23, Live Shows ab 19, Club Nights 23–3 Uhr

Improvisiert

Vortex nördl. M 1

Der Club ist zwar ein bisschen abgelegen vom Zentrum, aber eine Reise wert. Er begeistert vor allem Freunde des improvisierten Jazz. An den Sessions nehmen oft auch Musiker aus anderen Bereichen teil: Klassik, Weltmusik, Computer, Rock.

11 Gillett Square, N16 8AZ, T 020 72 54 40 97, www.vortexjazz.co.uk, Overground: Dalston Kingsland, tgl. 20–24 Uhr

TANZEN

Eine Adresse mit Tradition

100 Wardour St Karte 2, E 2

Der Name knüpft an den erfolgreichen Marquee Club an, der sich vormals in Nr. 90 Wardour Street befand. Bereits 1962 hatten die Rolling Stones dort ihren allerersten Live-Auftritt. Alles, was Rang und Namen hatte oder berühmt werden wollte, spielte im Marquee. 1988 machte der Club zu, der Name wanderte noch eine Weile hin und her, dann verschwand er. Aber die Adresse blieb in den Köpfen der Fans hängen. Die alte Nr. 90 wurde abgerissen, durch Restaurants und Wohnungen ersetzt. Die neue Nr. 100 Wardour Street ist jedoch nichts für arme Hippies, Mods und Punks. Auf Straßenebene befindet sich ein großes, nicht gerade billiges Bar-Restaurant, im Keller ein Club mit DJs und Livemusik – alles von Jazz bis Blues, Latin, Electro & House. Es ist modern, hat aber Atmosphäre. Die kleinen Gerichte im Club sind sehr, sehr lecker.

100 Wardour Street, W1F 0TN, T 020 73 14 40 00, www.100wardourst.com, U: Oxford Street, Tottenham Court Road, Leicester Square, Piccadilly Circus, Di–Mi 17–2, Do–Sa 17–3 Uhr

Willkommen im Paradies

Mahiki Karte 2, D 3

Dieser Mayfair-Club bietet einfach alles: Heiße Atmo, jede Menge Glamour, super Musik und obendrein die Gelegenheit, die eine oder andere *celebrity* unauffällig zu beobachten. Schauen Sie in den Event-Magazinen nach, wer gerade in London ein Konzert gibt, z. B. in der O_2-Arena in Greenwich. Solche Stars lieben das Mahiki. Will man den Klatschspalten glauben, hat sogar Prince Harry (der bekanntlich keinen guten Club ausließ) früher vorbeigeschaut. Die Preise sind im Mahiki jedoch günstiger als in vergleichbaren Etablissements. Die Stimmung ist aber mindestens genauso ausgelassen. Um die £15 kostet es, durch die von *bouncers* bewachte Tür zu kommen. Dafür erhalten Sie polynesische Cocktails, die Sie sich zu dritt teilen können. Polynesisch ist auch das Ambiente – passend zum Namen des Lokals, das auf Deutsch ›Pfad in die polynesische Unterwelt‹ heißt. Was das bedeuten mag, müssen Sie selbst herausfinden! Dazu aber sollten Sie unbedingt vorab reservieren, sonst haben Sie keine Chance.

1 Dover Street, W1S 4LD, T 020 74 93 95 29, http://mahiki.com/london, Mo–Sa 18–3 Uhr

Hin & weg

ANKUNFT

... mit dem Flugzeug
Flughafen London Heathrow (LHR): Karte 4. Die U-Bahn Piccadilly Line braucht etwa 45 Minuten bis zur Innenstadt. Der Heathrow Express zum Bahnhof Paddington ist wesentlich teurer, aber mit 15 Minuten auch viel schneller.
Flughafen Gatwick (LGW): 45 km südl. Am schnellsten ist der Gatwick Express. Er fährt alle 15 Minuten zum Bahnhof Victoria und benötigt 30 Minuten. Southern Trains verkehrt viermal die Stunde nach Victoria. Thames Link und Great Northern fahren zu den Bahnhöfen London Bridge, St Pancras International und zum Flughafen Luton. Dauer zwischen 30 und 45 Minuten.
London Luton Airport (LTN): 56 km nordwestl. Zunächst mit dem Shuttle Bus zum Bahnhof Luton Airport Parkway. Fahrtdauer 10 Minuten. Züge fahren alle zehn Minuten zu verschiedenen Londoner Bahnhöfen, z. B. St Pancras International. Dauer etwa 40 Minuten. Denken Sie daran, immer Bus und Zug zu buchen.
London Stansted Airport (STN): 64 km nordöstl. Der Stansted Express fährt alle 15 Minuten in 47 Minuten zum Bahnhof Liverpool Street.
London City Airport (LCY): Karte 4. 14 km vom Zentrum entfernt im ehemaligen Hafen unweit des Finanzzentrums von Canary Wharf. Die Docklands Light Railway (DLR) braucht 20 Minuten zur U-Bahnstation Bank.

... mit der Bahn
In den Eurostar können Sie in Brüssel, Paris und Calais zusteigen, um nach London zum Bahnhof **St Pancras International** zu kommen.

BESSER OHNE AUTO

Wer mit dem Auto kommt, muss entweder auf die **Fähre** oder durch den **Eurotunnel.** Die meisten Fähren verbinden Calais mit Dover. Reedereien sind P & O Ferries und DFDS Seaways, die auch noch Dunkerque anläuft. Die Fahrt unter dem Kanal von Calais nach Folkestone dauert mit dem Huckepackzug, auch Le Shuttle genannt, ca. 35–40 Minuten.
Wenn Sie nur London besuchen, sollten Sie das Auto jedoch besser daheimlassen. In London wird im Zentrum eine **Maut** erhoben. Zudem ist **Parkraum** knapp und teuer. Falschparker entgehen den unzähligen *traffic wardens* auf keinen Fall. Die Strafen sind enorm hoch.

INFORMATION

The Original London Visitor Centre: Karte 2, E 3, 17–19 Cockspur Street, Trafalgar Square, SW1Y 5BLT, T 020 88 77 17 22

Im Internet
www.visitlondon.com/de?ref-header: (wenn Sie's gern auf Deutsch haben). Die offizielle Website des britischen Fremdenverkehrsvereins.
www.londontown.com: Sehr interessant, sehr zuverlässige Informationen. Gut für Erstbesucher.
www.cityoflondon.gov.uk: Diese Website ist spezialisiert auf die Quadratmeile, the City of London.

REISEN MIT HANDICAP

Öffentliche Transportmittel: Sie sind alles andere als behindertenfreundlich. Zwar haben inzwischen viele Busse Rollstuhlrampen, aber nur wenige U-Bahnstationen verfügen über Aufzüge – zumal direkt zum Bahnsteig.

Can Be Done: Organisierte Ferienreisen für Behinderte weltweit – einschließlich Unterkunft, Stadtrundfahrten, Events gemäß dem Motto des Unternehmens: You Tell Us What You Need & We Show you How It Can Be Done. Info: T +44 20 89 07 24 00, www.canbedone.co.uk.
Tourism for All: U. a. Informationen über Unterkünfte für Behinderte und ältere Reisende in ganz Großbritannien. Infos: Mo–Fr 9–17 Uhr, T 084 51 24 99 71, aus dem Ausland T +44 15 39 72 61 11, www.tourismforall.org.uk.

SICHERHEIT UND NOTFÄLLE

Akuter Notfall: T 999, mobil T 112 (Polizei, Ambulanz, Feuerwehr)
Kartensperrung: T +49 11 61 16

Krankenhaus-Notdienste
Chelsea and Westminster Hospital: 🗺 westl. A 6, 69 Fulham Road, SW10 9NH, T 020 87 46 80 00
University College London Hospital: 🗺 nördl. D/E 1, 35 Euston Road, NW1 2BU, T 084 51 55 50 00

Zahnarzt-Notdienste
Guy's Hospital: 🗺 K 4, Great Maze Pond, SE1 9RT, T 020 71 88 71 88, 9–17 Uhr
Emergency Dentist: 🗺 westl. A 6, 94 Lillie Road, Fulham, SW6 7SR, T 020 76 10 01 01

Apotheken
Zafash Pharmacy: 🗺 westl. A 6 233–235 Old Brompton Road, T 020 73 73 27 98 (24-Std.-Dienst).
Nachtdienste bei der Polizei erfragen.

Diplomatische Vertretungen
Deutschland; 23 Belgrave Square: 🗺 C 5, SW1X 8PZ, T 020 78 24 13 00, www.uk.diplo.de
Österreich: 🗺 B 5, 18 Belgrave Mews West, SW1X 8HU, T 020 73 44 32 50, www.austria.embassyhomepage.com
Schweiz: 🗺 B 1/2, 16–18 Montagu Place, W1H 2BQ, T 020 76 16 60 00, www.eda.admin.ch

VISITOR OYSTER CARD

Die Chipkarte erlaubt es, bargeldlos Busse und Bahnen zu nutzen und das zu günstigeren Konditionen. Sie ist erhältlich für £3 am U-Bahn-Schalter am Flughafen und allen großen U-Bahn-Stationen. Sie können sich die Visitor Oyster Card auch vor der Abreise zuschicken lassen. Vor der ersten Fahrt muss die Karte aufgeladen werden. Für einen zweitägigen Besuch sollten £15 genügen. An fast allen Stationen stehen Automaten zum Auf- und Nachladen (https://tfl.gov.uk/fares-and-payments/oyster).

UMWELTFREUNDLICH UNTERWEGS

Transport for London
Der öffentliche Personennahverkehr umfasst U-Bahn *(tube)*, eine Art S-Bahn *(overground)* und Nahverkehrszüge *(TfL Rail, DLR, NationalRail)*, das Busnetz sowie Tram- und Fährlinie. Die Fahrpreise sind hoch. Die meisten Londoner zahlen entweder per Oyster Card oder mit ihrer kontaktlosen Girokarte. Checken Sie mit Ihrer Bank, ob Ihre Karte dem neuesten Stand entspricht. In Bus und Bahn können Sie nicht bar zahlen. Ein Busticket kostet £1,50, ein Einzelfahrschein für eine Zone in der U-Bahn £4,90, mit der Oyster Card oder der kontaktlosen Girokarte £2,40. Mit der Day Travelcard (£12) können Sie in den Zonen 1 und 2 einen Tag lang ohne Einschränkung fahren. Günstiger ist in der Regel jedoch die Oyster Card. Informationen, Fahr- und Routenpläne auf **https://tfl.gov.uk** (auch auf Deutsch).

London River Bus Service
Die Personenfähre auf der Themse wird von Transport for London betrieben. Die Boote halten am Millbank Pier, London Eye, Bankside, London Bridge, Tower, North Greenwich und Greenwich. Info: https://tfl.gov.uk/modes/river.

Sehen Sie auch Rot? – Radfahren in London braucht Erfahrung.

Taxis

Black Cabs: In London gibt es kaum Taxistände, man winkt ein freies Taxi – erkennbar am erleuchteten Schild ›Taxi‹ oder ›For Hire‹ – vom Straßenrand aus heran. In der Regel kann man mit der Kreditkarte zahlen, üblich sind 10–15 % Trinkgeld in bar.
Mini Cabs: Im Unterschied zu den schwarzen Taxis handelt es sich bei den Mini Cabs um ganz normale Limousinen, die nur telefonisch bestellt werden können. Es lohnen sich nur Fahrten über zwei Meilen. Mini Cabs dürfen laut gesetzlicher Vorschrift nicht auf der Straße angehalten werden. Bitten Sie das Restaurant oder die Hotelrezeption um die Bestellung.
Taxibestellung: Radio Taxis (T 020 72 72 02 72), Dial-a-Cab (T 020 72 53 50 00, 020 74 26 34 20, Kreditkarten-Buchungen), Taxi One-Number (T 087 18 71 87 10, Taxidienst für Behinderte)
Uber: Junge Leute schwören auf den preiswerten Fahrdienst mit Privatwagen. Zur Nutzung müssen Sie vorab ein Konto über Ihr Smartphone eröffnen (www.uber.com/de).
London Lady Chauffeurs: Limo-Service von Frauen für Frauen, T 020 88 78 77 77, www.londonladychauffeurs.co.uk

Fahrradverleih

Santander Cycles: Die Londoner Verkehrsbetriebe (Transport for London) stellen 10 000 Leihfahrräder an mehr als 700 Mietstationen zur Verfügung. Die Fahrräder werden von der Santander Bank gesponsort (https://tfl.gov.uk, dann scrollen bis Santander Cycles).

STADTFÜHRUNGEN

Wenn Sie etwas über die Stadt erfahren wollen, dann gibt es Dutzende Sightseeing-Busse, Führungen zu Fuß und auch zu Wasser. Hier meine Auswahl für Sie.
The Original London Sightseeing Tour: Tgl. 8–20 Uhr alle 20 Minuten. Es ist eines der bekanntesten Tour-Unternehmen. Die Haupthaltestelle befindet sich am Trafalgar Square, Sie können aber an jeder Haltestelle der Tour

ADRESSEN FINDEN

Die britischen **Postleitzahlen** *(postal code)* sind wesentlich präziser als die deutschen. Sie beziehen sich nicht nur auf einen Ort oder einen Stadtteil, sondern auf eine Straße, eine Häuserzeile, die jeweilige Straßenseite und in manchen Fällen sogar auf ein einzelnes Gebäude. Die Postleitzahl gibt also in der Regel die genaue Adresse an, allerdings nicht immer die Hausnummer.
Wenn Sie mit einer **Navi-App** unterwegs sind, müssen Sie nur den *postal code* eintippen, um ans Ziel geführt zu werden. Der Code besteht aus zwei Teilen, beginnt der zweite mit 0, handelt es sich immer um die Ziffer Null.

LONDON PASS

Der London Pass bietet bargeldlosen Eintritt zu über 60 Touristenattraktionen – von Apsley House bis Windsor Castle. Je mehr Orte Sie besuchen, desto höher also die Ersparnisse. Bei den Londoner Preisen für Sehenswürdigkeiten kann das eine ganze Menge sein. Die Chipkarte wird bei ihrem ersten Einsatz aktiviert. Ihre Gültigkeitsdauer bezieht sich auf Kalendertage. Also: früh am Morgen anfangen! Es gibt zwar ein Limit, wie viele Attraktionen Sie pro Tag besuchen können, das jedoch kaum auszuschöpfen ist.
Wenn Sie einen London Pass inklusive Nahverkehr gekauft haben, gilt der Stempel auf der Travelcard als Aktivierungsdatum. Wollen Sie nach Ihrer Ankunft die U-Bahn vom Flughafen in die Innenstadt nehmen, müssen Sie sich Ihren London Pass inkl. Travelcard vor Reiseantritt nach Hause schicken lassen.
Infos: www.londonpass.com, 1 Tag Erw. £69, 5–15 Jahre £49, 2 Tage £94/£69, 3 Tage £105/£77, 6 Tage £135/£172, 10 Tage £159/£109; mit Travelcard 1 Tag £72/£45, 2 Tage £97/£71, 3 Tage £123/£100, 6 Tage £172/£119, 10 Tage £147/£111. Der Kinder Pass ist gültig für 5–15-Jährige. Kinder unter 11 Jahren fahren in Begleitung eines Erwachsenen mit öffentlichen Verkehrsmitteln umsonst.

zusteigen. Karten gibt es beim Original London Visitor Centre, 17–19 Cockspur Street, Trafalgar Square, SW1Y 5BL, T 020 88 77 17 22, bei Online-Buchung £26, erm. £15, Familienticket (zwei Erw., zwei Kinder) £75.
Original London Walks: T 020 76 24 39 78, www.walks.com. Der wohl älteste und bekannteste Veranstalter für geführte Spaziergänge durch London. Ob Sie nun auf der Suche nach Geistern oder auf den Spuren von Jack the Ripper sind, ob Sie den Hochzeitsrouten der Royals folgen wollen oder den Stationen Harry Potters. Bei London Walks sind Sie bestens aufgehoben. Die Qual der Wahl liegt bei Ihnen (£10, erm. £8).
London Beatles Walks: T 020 79 58 70 63 29, www.beatlesinlondon.com. Weiß noch jemand, wer die Beatles waren? Doch, klar! Erstaunlich, wenn man bedenkt, dass die Gruppe ihren ersten Hit 1962 hatte (»Love Me Do«). Richard Porter ist nicht nur der Besitzer des Beatles Coffee Shop, sondern auch Autor des »Guide to the Beatles – London«. Er veranstaltet fünf Spaziergänge in der Woche, kann aber auch für private Führungen gebucht werden.
London auf Deutsch: T 020 78 60 78 24 03, www.londontoursaufdeutsch.com, Ende März–Ende Oktober, £17, erm. £15, bis 15 Jahre £8. Der Name sagt bereits alles. Neben den festen Spaziergängen können Sie auch auf Ihre Wünsche zugeschnittene Routen buchen (2–3 Std. £175). Im Programm gibt es auch spezielle Führungen für Kinder.
London vom Wasser aus: Die Themse ist längst nicht mehr nur eine Wasserstraße für Lastkähne. Auf ihr verkehren heute bequeme Ausflugsboote – schnelle oder langsame. An den Anlegestellen *(piers)* erklären Informationstafeln die Route. Bekanntester Anbieter sind City Cruises (T 020 77 40 04 00, www.citycruises.com, Tickets ab £10).
Thames Rockets: 🕮 G 4, Boarding Gate 1, Waterloo Millennium Pier, direkt unter dem London Eye. Wer gerne schnell unterwegs ist, kann eine Tour mit dem Speed Boat unternehmen. Das ist in etwa so, als wollten Sie sich London von einer Achterbahn aus anschauen. Es geht in 15 Minuten (£25, bis 14 Jahre £15) von The Shard oder in 50 Minuten (£39,50/£25,95) vom London Eye zur Canary Wharf und zurück, in 80 Minuten vom London Eye bis Thames Barrier und zurück (£49,95/£31,50). Langweilig wird es Ihnen dabei garantiert keine Sekunde!

O-Ton London

over the moon

überglücklich
Wer wäre das nicht ›über dem Mond‹?

Lol

lauthals lachen
SMS-Kürzel für ›laughing out loud‹

BRILLIANT

sehr gut
klingt aber nach mehr

I have to spend a penny

Ich muss mal aufs Klo.

(That's) not on my radar

Interessiert mich nicht

Taxi!

Auch in London das Zauberwort, um ein Taxi anzuhalten, aber nur ein black cab

BLOODY HELL

So ein Mist
Auch Engländer schimpfen

Bangers and Mash

Würstchen mit Kartoffelbrei
ein typisch englisches Gericht

Blimey!

Ach du Schreck!
aber auch: Ist ja toll!
– je nach Kontext

Yes, please!

Ja, bitte!
Die Engländer sind ein höfliches Volk, ›Bitte‹ wird häufig genutzt, ebenso wie ›No, thank you‹.

MIND THE GAP!

Achten Sie auf die Lücke!
Warnung beim Einstieg in die U-Bahn

Das Klima im Blick

Reisen bereichert und verbindet Menschen und Kulturen. Wer reist, erzeugt auch CO_2. Der Flugverkehr trägt mit bis zu 10 % zur globalen Erwärmung bei. Wer das Klima schützen will, sollte sich – wenn möglich – für eine schonendere Reiseform entscheiden oder die Projekte von atmosfair unterstützen. Flugpassagiere spenden einen kilometerabhängigen Beitrag für die von ihnen verursachten Emissionen und finanzieren damit Projekte in Entwicklungsländern, die dort den Ausstoß von Klimagasen verringern helfen (www.atmosfair.de). Auch die Mitarbeiter des DuMont Reiseverlags fliegen mit atmosfair!

Abbildungsnachweis

Fotolia, New York (USA): S. 120/2 (Baggett); 37 (Bonnel); 27 (flairimages); 21 (jovannig)
Getty Images, München: S. 44 (Bailey); 94 (Benett); 20 (Davilla); 77 o. (Gleave); 74 (Kingsnorth); 14/15 (Kitwood); 30 (Mark a Paulda); 16/17 (Ortin); 24 (shomos uddin); 120/8 (Shuel); 92 (Silentfoto); 40 (Tallis)
Glow Images, München: S. 51; 23 (Eurasia Press/Photononstop); 25 (SuperStock); 67 (SuperStock/Nathan PCL)
Huber-Images, Garmisch-Partenkirchen: S. 59 (Bennett); 4 u. (Borchi); 29, 56 (Rellini)
iStock.com, Calgary (Kanada): S. 120/9 (Brown); 120/6 (cheekylorns); 120/3 (Clerk); 120/7 (Duncan1890); 4 o. (earth_quake); 83 (Hortop); 8/9 (IakovKalinin); 47 (Starcevic); 112 (Trdina)
laif, Köln: S. 7, 12/13, 104 (Artz); 86 (Heeb); 89 (Jaeger); 108 (Jaenicke); 82 (Jonkmans); 53 (Lange/robertharding); 98 (hemis.fr/Maisant); 28 (Loopimages/Gibson); 99 (Polaris); 57 (Polaris/Wood); 120/1, 120/5 (UPI)
Look, München: S. 77 u. (Leue)
Mauritius Images, Mittenwald: S. 32 (age/Herrett); 65 (Alamy/Bird); 33, 85 (Alamy/Brown); 52 (Alamy/Cracknell 01/classic); 41 (Alamy/Dagnall); 81 (Alamy/deWitt); 73 (Alamy/dov makabaw); Umschlagklappe hinten (Alamy/Falk); 68 (Alamy/French); 64, 90 (Alamy/Gilbert); 69 (Alamy/Grant Rooney Premium); 88 (Alamy/Herrett); 106 (Alamy/imageimage); 36 (Alamy/Muratore); 60 (Alamy/nagelstock.com); 49 (Alamy/Padoan); 48 (Alamy/Prisma Bildagentur AG); 103 (Alamy/Sriskandan); 101 (Alamy/Segre); 63 (Alamy/Wilkinson); 97 (Alamy/Wrona); 71 (Bibikow); 120/4 (Science Source/Photo Researchers); 35 (United Archives); 78/79 (Vidler); 43 (Warburton-Lee/Copson); Titelbild, Faltplan (Westend61/Haupt)
picture-alliance, Frankfurt a. M.: S. 55 (dpa/Rain)
Schapowalow, Hamburg: S. 80 (SIME/Erbetta); 45 (SIME/Estock); 61 (SIME/Rellini); 39 (SIME/Torrione)
Zeichnungen Umschlagklappe vorn, S. 2, 11, 35, 62: Gerald Konopik, Fürstenfeldbruck
Zeichnung S.5: Antonia Selzer, Lörrach

Kartografie: DuMont Reisekartografie, Fürstenfeldbruck

Umschlagfotos: Titelbild: Die ausgefallene Silhouette des Büroturms der Swiss RE, *The Gherkin* (Die Gurke) getauft, beherrscht die City of London. Umschlagklappe hinten: Mann mit Schirm im Schneematsch vor dem Palace of Westminster

Hinweis: Autor und Verlag haben alle Informationen mit größtmöglicher Sorgfalt geprüft. Gleichwohl sind Fehler nicht vollständig auszuschließen. Alle Angaben erfolgen ohne Gewähr. Bitte schreiben Sie uns! Über Ihre Rückmeldung zum Buch und Verbesserungsvorschläge freuen sich Autor und Verlag: **DuMont Reiseverlag,** Postfach 3151, 73751 Ostfildern, info@dumontreise.de, www.dumontreise.de

2., aktualisierte Auflage 2019

Autor: Peter Sahla
Redaktion/Lektorat: Marianne Bongartz, Ulrike von Düring
Bildredaktion: Stefan L. Scholtz
Grafisches Konzept: Eggers+Diaper, Potsdam
Printed in China

Kennen Sie die?

9 von 8 674 523 Londonern

Michael Caine

Er wurde 1933 im Süden von London geboren. Seine Mutter war Putzfrau, sein Vater arbeitete auf dem Fischmarkt. Caine ist zweifacher Oscar-Preisträger. Seine einfache Herkunft hat er nie geleugnet.

Boudica

Eigentlich stammt sie aus Norfolk. Aber ihr Denkmal steht gegenüber von Big Ben. Sie ärgerte sich derart über die römischen Besatzer, dass sie das alte Londinium einfach abfackeln ließ.

David Bowie

Der Junge aus dem Stadtteil Brixton prägte als Inszenierungskünstler und Provokateur die Pop-Musik wie kein anderer Londoner. Sein Tod 2016 löste bei seinen Anhängern weltweit tiefe Bestürzung aus.

Virginia Woolf

Sie (1882–1941) war Schriftstellerin, Verlegerin und bekanntestes Mitglied der Bloomsbury Group, einer Gruppe von Künstlern, Intellektuellen und Wissenschaftlern.

David Beckham

Er erblickte 1975 im Londoner Stadtteil Leytonstone das Licht der Welt, machte als Fußballer Karriere und wurde 2004 vom amerikanischen »Time Magazine« als eine der 100 einflussreichsten Personen der Welt bezeichnet.

Elizabeth II

2016 feierte sie ihren 90. Geburtstag. 1952 bestieg sie in der Westminster Abbey den Thron. Keine britische Monarchin, kein Monarch hat länger regiert als sie.

Henry VIII

Der englische König (1491–1547) brach mit Rom, beendete somit das Primat des Papstes in Britannien und ließ die Klöster und Kirchen des Landes plündern.

Ralph McTell

Der Sänger und Gitarrist (geb. 1944) schrieb vor vielen Jahrzehnten den Erfolgssong »The Streets of London«. Der Text ist noch heute aktuell.

Charlie Chaplin

Der große Mime (1889–1977) aus dem Stadtteil Southwark, dessen Familie oft im Armenheim Unterschlupf fand, brachte die Welt zum Lachen – und zum Nachdenken.